Rien ne vas plus?!
   Da geht ja wohl noch was!

Ben Miller

Rien ne vas plus?!
Da geht ja wohl noch was!

Bibliografische Information der Deutschen National-bibliothek:
Die Deutsche Nationalbibliothek verzeichnet diese Publikation in der Deutschen Nationalbibliografie; detaillierte bibliografische Daten sind im Internet über http://dnb.dnb.de abrufbar.

© *2016 Ben Miller*

Herstellung und Verlag: BoD – Books on Demand, Norderstedt

ISBN: 9783741223860

Inhaltsverzeichnis

1 Rien ne vas plus	7
2 Aufräumen	11
3 Zukunftsmusik	28
4 Machen, Machen, Machen	32
5 Los geht's!	36
6 Erste Krise	42
7 Ein Bruder im Geiste	46
8 Neuer Mut	52
9 Es geht doch	58
10 Tag am Meer	65
11 Großstadtwirren	68
12 Gott und die Welt	77
13 Hippie-Leben	83
14 Wildnis	90
15 Nicht mehr allein	101
16 Das Ende naht	106
17 Angekommen	111
18 Weiter zu zweit	115
19 Zurück	121
20 Alltag	123
21 Eins noch…	124
22 Achso…	126

Vorweg

Ich muss meine Leser(innen) vorwarnen. Die ersten beiden Kapitel sind etwas langweilig und nicht wirklich angenehm zu lesen.
Sie sind aber leider unerlässlich für all das, was folgt. Darum bitte ich, das Buch nicht gleich wegzulegen und dem weiteren Geschichtsverlauf eine Chance zu geben.

Das Buch basiert auf wahren
Begebenheiten und ist autobiografisch angelegt.

Die Illustrationen im Buch sind als Impressionen gedacht und sind rechtliches Eigentum des Autors. Sie passen nicht immer, aber meistens, zum Textteil.

1 Rien ne vas plus

Es ist schon merkwürdig wie bestimmte Dinge immer zu bestimmten Zeitpunkten geschehen. Das Kartenhaus, das den Anschein machte, mein „Leben" zu sein, ist nun wohl endgültig zusammengefallen. So tragisch und bitter das Ganze auch sein mag, eigentlich ist es das Beste was mir passieren konnte. Denn wenn ich jetzt zurückdenke auf die letzten 10 Jahre meines Daseins hier auf Erden, wird mir bewusst wie armselig und verbittert mein Leben in dieser Zeit war.

Es lebt sich ganz angenehm, wenn man allen Problemen und vor allem seiner innersten eigenen Natur aus dem Weg geht. Obwohl das so angenehm zu sein scheint, macht es am Ende doch so verdammt unglücklich.

Ich fange am besten ganz am Anfang an. Ich bin Ben und werde in diesem Jahr 30 Jahre alt. Mein Leben ist eine ziemliche Katastrophe. Ich bin Single, lebe noch bzw. wieder zu Hause bei meinen Eltern, ich bin selbstständig und nebenbei auch noch Student. Ich habe noch nichts in meinem Leben erreicht. Meine Selbstständigkeit muss ich nun abmelden, weil sie nichts mehr einbringt und ich zu allem Überfluss noch spielsüchtig bin. Beides zusammen, hat mich finanziell so kaputt gemacht wie es nur geht.

Mein ganzes Leben spielt sich zurzeit innerhalb dieser Grenzen meines Elternhauses ab und das in meinem Alter... Meinem Studium bin ich in letzter Zeit eher weniger nachgegangen. Je länger ich innerhalb dieser Grenzen gelebt habe, desto mehr habe ich mich von allem und jedem abgeschottet. In den letzten Jahren hab ich zudem extreme soziale Ängste aufgebaut, welche dieses Abschotten noch verstärkt haben.

Ich weiß, dass ich nicht herumjammern und lieber etwas verändern sollte, aber das ist leichter gesagt als getan. Ich bin pleite, sehe keinem Ende meines Studiums entgegen und eine Ausbildung anzufangen ist mir auch vergönnt, weil das Geld niemals reichen würde um meine monatlichen Raten für die Schulden, die ich gemacht habe, abzuzahlen. Ich war zu dem Schluss gekommen, dass ich nur so weiterleben kann wie bisher und mich irgendwie dadurch manövriere, aber wie sollte das Gut gehen?

Es hat nicht funktioniert. Die Schulden sind mehr geworden und ich bin an dem Punkt, an dem es finanziell nicht weitergeht. Es ist nicht das erste Mal, dass es heißt „rien ne vas plus". Die letzte Wette, die letzte Hoffnung alle Verluste zurückzugewinnen, ist verloren. Dieses beklemmende, taube Gefühl in meinem Kopf nimmt Überhand. Mein Kopf scheint zu explodieren und die Angst davor, wie es nun weitergehen soll, ist unerträglich. Kurze Zeit nach dieser betäubten Phase, habe ich mir schon einige Male überlegt, ob es nicht besser wäre, mit allem Schluss zu machen. Es wäre wahrscheinlich einfacher für mich, einfach mit allem Schluss zu machen.

Ich hatte mir schon ganz genau und bis ins Detail überlegt, wie ich meinem Leben ein Ende setzen würde. Zuerst würde ich in irgendeinem Hotel einchecken und noch einmal richtig auf den Putz hauen. Ich würde mich mit gutem Essen und Whiskey eindecken, ein paar Prostituierte einladen und es noch einmal richtig knallen lassen. Ich würde nach Frankreich fahren, nach Le Point St. Mathieu. Das ist ein kleiner Ort in Frankreich in der Bretagne. Ich liebe die Rauheit dieser Gegend und die Küsten, die wie mit Hammer und Meißel ins Land geschlagen zu sein scheinen. Ich würde noch einmal Abschiedsbriefe an die wenigen wichtigen Menschen in meinem Leben versenden. Danach würde ich mit meinem

Surfboard zu einem der vielen Strände gehen. Whiskey trinken und Schlaftabletten einwerfen und dann soweit aufs offene Meer hinaus paddeln, wie ich noch kann. Dort auf dem stürmischen Atlantik würde ich der Welt dann noch einmal „Leb wohl" sagen und ihr die Hand entgegenstrecken, um Ihr zu sagen, dass Sie gewonnen hat. Das mag zwar alles pathetisch klingen, aber so ist der Tod nun einmal, vor allem, wenn man ihn umarmt, statt sich gegen ihn zur Wehr zu setzen.

Schon verrückt wie klar ich das auch jetzt gerade in diesem Moment wieder vor Augen habe. Je mehr ich darüber nachdenke, desto klarer wird mir aber jedes Mal, dass es so nicht mit mir zu Ende gehen darf. Vielleicht bin ich auch nur zu feige, um so etwas tatsächlich zu tun. Jedenfalls will ich ein letztes Mal versuchen mich mit allem, was ich habe, diesem immer attraktiver erscheinenden Schluss, kämpfend entgegenzustellen.

So stehe ich nun hier, lasse den Blick auf die Lichter der Kleinstadt wandern und merke, wie ein kleines, kraftspendendes Pflänzchen Hoffnung in mir aufkeimt. Ich nehme einen letzten Schluck vom Bier und einen letzten Zug von meiner Zigarette. Wieder mal allein! Morgen wird alles besser!

2 Aufräumen

Heute Morgen bin ich mit einem leichten Kater aufgewacht. Ich habe verdammt schlecht geschlafen und ärgere mich immer noch darüber, dass nur ein Tor gefehlt hat, um mir diesen ganzen Ärger, der jetzt auf mich zukommt, zu ersparen. Einige traurige Tage mit Nerv tötenden, beschissenen Aufgaben liegen vor mir. Am liebsten würde ich mein Glück noch einmal versuchen, um das ganze irgendwie doch noch verhindern zu können, aber ich habe mich mit aller Konsequenz dazu entschlossen komplett mit dem Spielen aufzuhören.

Wenn man nach so einer Entgleisung aufräumen muss, kommt der ganze Scheiß zum Vorschein, der unter den Trümmern verschüttet liegt. Als erstes muss ich nun all meinen Gläubigern erklären, dass ich deren Zahlungsaufforderungen nicht fristgerecht nachkommen kann. Dann muss ich einen Plan erstellen, wie ich diesen Schlamassel irgendwie in den Griff bekomme. Des Weiteren muss ich meinen Gläubigern einen Zahlungsplan vorlegen.

Am liebsten würde ich alles stehen und liegen lassen und irgendwohin abhauen, wo ich meine Ruhe vor diesen ganzen kapitalistischen, rein wirtschaftlich denkenden Hurensöhnen und –töchtern hätte. Es ist schon interessant: Wenn die Zahlen nicht stimmen, kann man zahlreiche gute Gründe hervorbringen, warum und wie man die Lage in den Griff bekommt, keine Bank der Welt wird einem in der kurzfristigen Notlage helfen. Deshalb fällt die Standardlösung, einen Kredit aufzunehmen, für mich leider weg. Es bleiben nur zwei Möglichkeiten: Entweder ich finde irgendwie einen anderen Weg, um das Geld zu beschaffen, oder ich muss eine Privatinsolvenz anmelden. Letzteres will ich natürlich um alles in der Welt vermeiden. Außerdem bleibt die Möglichkeit abzuhauen, aber ich habe mir vorgenommen nicht mehr vor meinen Problemen davonzulaufen, obwohl das sicherlich die einfachste Variante darstellt.

Als ich das letzte Mal beim Zocken derart über die Stränge geschlagen bin, habe ich ein paar Sachen gepackt und bin so schnell es ging abgehauen. Ziemlich feige. Eigentlich wollte ich auch nicht so schnell wieder zurückkommen., aber die Gemüter der Menschen, die ich damals enttäuscht habe, beruhigten sich schneller, als erwartet, und so konnte ich demütig und geläutert meinen Heimweg antreten.

Dieses Mal ist das Problem noch nicht so fatal, wie es das letzte Mal der Fall war. Dennoch schlimm genug, aber ich weiß, dass ich jetzt Verantwortung für meine Fehler übernehmen muss und das werde ich auch tun. Sowohl für die Leute, die für meine Fehler büßen müssten, wenn ich einfach verschwinde, als auch für mich selbst. Denn ich habe es satt wie ein Feigling das Weite zu suchen, sobald es mal ungemütlich wird.

Ich habe eben eine Aufstellung aller Schulden gemacht, die jetzt neu angefallen sind. Erst jetzt wird das volle Ausmaß meiner Entgleisung ersichtlich. Es haben sich 10.000 Euro angesammelt. Das ist verdammt hart. Wenn ich meine aktuellen Warenbestände verkaufe und privat alles veräußere, was ich veräußern kann, bleiben am Ende noch ca. 6000 Euro übrig. Das ist kein Kleckerbetrag, aber nichts, was ich nicht hinkriegen könnte. Eigentlich hält es sich sogar einigermaßen in Grenzen, auch wenn es nicht wirklich Trost spendet. Jetzt muss ich noch einen Zahlungsplan erstellen, wie und wann ich welche Rechnung begleichen kann. Letztlich müssen die sich damit arrangieren können, sonst werde ich wohl Insolvenz anmelden müssen.

Zum Aufräumen gehört leider nicht nur ein Plan wie ich meine Schulden zurückzahlen werde, sondern auch eine Selbstreflexion, warum das wieder mal passieren konnte und warum mir dieser verdammte Mist immer und immer wieder passiert. Ich meine: Immer, wenn ich darüber nachdenke, weiß ich, wie verdammt beschissen und dumm diese Zockerei ist, aber in den Situationen, in denen ich zocke und verliere, nehme ich keine Vernunft wahr. Eigentlich nehme ich dann sowie so kaum noch etwas wahr.

Wenn einem der letzte Strohhalm, an dem man sich hoffnungsvoll festklammerte, wegbricht, ist das ein unbeschreibliches Gefühl. Dieses Gefühl ist nicht ausschließlich schlecht, es fühlt sich teilweise sogar gut an.

Für einen Moment bin ich dann wie gelähmt, ein dumpfes Gefühl breitet sich in meinem Kopf aus, ich fühle das Pochen meines Pulses in meinen Schläfen. Für einen Augenblick existiert nichts, man steht oder sitzt wie betäubt da und nimmt nichts wahr. Neben diesem Gefühl macht sich ein wenig Erleichterung breit, als wenn eine Last von einem abfällt. Doch dieser Zustand hält nicht lange an. Kurz darauf arbeitet dein Verstand wieder, und zwar auf Hochtouren. Bei mir nimmt dann die Scham davor, was man getan hat, mein ganzes Wesen ein. Die Scham, so dumm gewesen zu sein, die Scham Menschen enttäuscht zu haben, die Scham schwach zu sein, die Scham ein Versager zu sein. Ich kann dann weder schlafen noch vernünftig denken.

Ich hoffe, dass der Leser einigermaßen eine Vorstellung davon bekommen hat, was in so einem Rien-ne-vas-plus Moment in jemandem vorgeht. Zumindest geht das in mir so vor. Ich habe mich selber nun schon oft mit diesen Gefühlen auseinander gesetzt, denn vor einiger Zeit habe ich bereits eine Therapie begonnen. Nach etwa einem Monat habe ich diese jedoch wieder abgebrochen, weil ich dachte ich wäre von der Spielsucht geheilt. Außerdem hatte ich Probleme an den Gruppensitzungen teilzunehmen, da ich in den letzten Jahren eine Sozialphobie entwickelt habe und ich Angst hatte, vor all den Leuten in der Gruppe einen emotionalen Striptease hinzulegen.

In der kurzen Zeit meiner Therapie habe ich nach den Ursachen für meine Sucht gesucht. Außerdem habe ich mehrere Bücher zum Thema gelesen. Eines habe ich dabei gelernt: Ein Süchtiger versucht meist einen Mangel im eigenen Leben oder eine allgemeine Unzufriedenheit zu kompensieren. Jemand der spielt, findet sein Leben oft langweilig und eintönig. Er ist unzufrieden mit seiner Situation und versucht im Spiel eine Abwechslung, ein Abenteuer oder Freiheit zu finden. Das mag auch am Anfang funktionieren, aber irgendwann ist die Sucht nur noch ein Ventil, um negative Gedanken über sich selbst und sein Leben zu verjagen. Wenn dieses Ventil so funktionieren würde, wäre es wirklich schön, aber nach und nach verstärken sich die negativen Gedanken noch. Dadurch, dass man spielt. Es ist ein Teufelskreis. Die Spezialisten nennen das eine „sich Selbst-erfüllende-Prophezeiung".

Man kann davon halten, was man will, aber auf mich trifft dieses Modell zu 100% zu. Ich habe das erste Mal gespielt, da habe ich gerade meinen Zivildienst gemacht. So mit ca. 19 Jahren. Es hat auf Anhieb Spaß gemacht und gewonnen hab ich anfangs auch sehr oft. Ein Jahr später ging es mir nicht wirklich gut. Ich studierte ein Fach, das mir keinen Spaß machte. Ich war alleine in einer fremden Stadt und hatte dort keine Kontakte. Da ich das Studium schnell vernachlässigte, waren auch die Kontakte zu meinen Kommilitonen schnell Geschichte. In der Zeit stürzte ich mich voll ins Spielen. Ich las Bücher über verschiedene Pokervarianten, über Black-Jack und Sportwetten und wie man Geld damit verdienen kann. Das war für mich der Ausweg aus dem ganzen Scheiß und die Chance ein unkonventionelles, freies, spaßiges Leben zu führen. Ich verbrachte immer mehr Zeit vor dem PC und spielte online Poker. Stunden, Nächte lang. Ich ging nicht mehr oft aus dem Haus. Nur noch um einkaufen zu gehen oder wenn es unbedingt sein musste.

Und habe ich dadurch nun die erwünschte Freiheit erlangt, nach der ich mich gesehnt habe? Ist es ein Zeichen dafür, dass man frei ist, wenn man sich isoliert, keine Freundin hat und auch sonst keine menschlichen Kontakte mehr oder wann man täglich ca. 8 Std. vor dem Computer sitzt? Von meinem jetzigen Standpunkt, hat das Spielen mir meine letzte Freiheit geraubt, statt sie mir zu ebnen.

Der ein oder andere wird sicherlich jetzt behaupten, dass das mit der Freiheit und dem Spielen funktionieren kann, nur sei meine Persönlichkeit dafür ungeeignet. So jemandem rate ich immer sich mal einen Abend frei zu halten und ins Casino zu gehen, um dort einmal ganz genau darauf zu achten, ob die Leute glücklich und frei erscheinen, die sich um die Spieltische tummeln. Ich wette (pardon wetten wollte ich ja nicht mehr)… Ich bin mir ziemlich sicher das 95% der Menschen dort nicht den Eindruck vermitteln glücklich zu sein. Schaut man sich Werbebilder von Casinos an, so wird einem dort das Bild suggeriert, dass man dort einen ausgelassenen Abend mit seinen Freunden verbringen kann. Der Spaß steht natürlich im Vordergrund. Sucht man ein ähnliches Szenario, wie auf den Werbeplakaten, wird man nicht fündig werden. Die Stimmung ist alles andere als ausgelassen und niemand scheint so richtig Spaß zu haben. Natürlich wird man gelegentlich jemanden finden, der wegen seines Glücks einen großen Gewinn gemacht zu haben, ausgelassen feiert. Aber das ist die Ausnahme. Wenn so jemand sich so ausgelassen freut, hat man leider immer das Gefühl, dass die meisten der anderen Spieler am Tisch den Gewinner missgünstig angaffen. Sprüche wie „Wie kann man nur so ein Glück haben?", bekräftigen diesen Eindruck.

Alles in allem sind die meisten Casino-Besucher Opfer einer Illusion. Der Illusion dort Glück und Spaß finden zu können! Doch diesen beiden Gefühlsregungen ist der Zutritt verboten! Ab und an schafft es eine der beiden durch das Drehkreuz, aber wenn sie zu lange da bleibt, wird sie schnell wieder nach draußen befördert, weil beide unerwünscht sind.

Eigentlich wollte ich nur verdeutlichen, dass man spielt, um Spaß zu haben, Abenteuer zu erleben und ausgelassen zu sein. Das ist das urtypischste am Spielen generell. Leider macht es keinen Spaß Geld zu verlieren. Mein Hauptproblem beim Umgang mit dem Spielen um Geld war der, dass ich irgendwann merkte, wie dumm das Ganze war und panisch versuchte meine Verluste wieder zurückzugewinnen. Das versuchte ich einige Male bis nichts mehr übrig war. Durch meine Selbstständigkeit als Online-Händler kam regelmäßig immer wieder Geld auf mein Konto, das ich wieder „investieren" konnte, um eine schwarze „Null" zu erreichen. Dieses Problem ist der Hauptgrund, dass meine Entgleisungen so katastrophal endeten, denn das Geld gehörte mir nicht wirklich, da ich noch Rechnungen zu bezahlen hatte.

Das erste, was ich tun muss, ist eindeutig meine Selbstständigkeit schnellstmöglich abzumelden. Denn der Verlockung, so viel Geld zu verspielen, fremdes Geld, will ich nicht mehr ausgesetzt sein. Ich muss so schnell es geht, alles, was ich habe, verkaufen; so viel es geht von meinen Schulden abbezahlen und mir einen Job suchen, um das restliche Geld abzubezahlen.

Wenn man davon ausgeht, dass die meisten Menschen, die spielsüchtig sind, dann zocken, wenn ihnen ihr Leben gerade wertlos und langweilig erscheint, erklärt das nur zu gut, warum diese verfluchte scheiße gerade mir immer und immer wieder passiert. Wenn ich eine Bestandsaufnahme von meinem Leben erstelle, macht mich das wütend und traurig. Es ist zum Heulen.

Punkt 1: Ich bin 30 Jahre alt und wohne bei meinen Eltern. Ich meine: Das sagt doch schon alles. Jeder, der in meinem Alter schon mal für längere Zeit zu Hause wohnen musste, wird mir wohl beipflichten, dass es schlimmer kaum geht. Man fühlt sich, als wäre man wieder 16 Jahre alt oder so. Das mag ja für kurze Zeit mal ganz angenehm sein, auf Dauer aber unerträglich. Schuld an daran bin natürlich ich selber. Da ich Schulden abzahlen muss, habe ich kein Geld, um mir eine Wohnung zu nehmen. Nicht einmal ein WG-Zimmer ist gerade im Rahmen des finanziell-Möglichen. Das Wohnen zu Hause führt mir täglich vor Augen, dass ich bis zu diesem Augenblick in meinem Leben gescheitert bin. Das ist das schlimmste und zieht mich gleich morgens schon runter. Wenn man selber mal gerade nicht daran denkt, kann man es in den Augen seiner Eltern ablesen, denen es das Herz zerreißt, dass es so ist, wie es ist. Das wiederum zerreißt mir das Herz und ich könnte heulen, während ich das hier schreibe. Ich liebe meine Eltern und weiß, dass sie immer alles in ihrer Macht stehende getan haben, um mir die besten Voraussetzungen zu schaffen für ein glückliches und erfülltes Leben.

Punkt 2: Mein Liebesleben lebt zurzeit vom Handeinsatz und gelegentlichen Bordellbesuchen. Mittlerweile sind ungefähr 10 Jahre vergangen, seit dem ich das letzte Mal so etwas wie eine „Beziehung" hatte. Natürlich gab es hin und wieder, wenn ich mal eine gute Phase in meinem Leben hatte, einige One-Night-Stands, aber, da diese Phasen in letzter Zeit eher Mangelerscheinungen waren, bleibt die Zahl meiner erotischen Abenteuer überschaubar. Zu einer richtigen Beziehung bin ich gerade wahrscheinlich gar nicht fähig. In diesem Moment bin ich bestimmt auch unfähig jemanden zu lieben. Ich war schon öfters verliebt und muss bedauerlicher Weise zugeben, dass ich dieses Gefühl schon lange nicht mehr genießen bzw. erleiden durfte. Mein Leben ist derzeit generell sehr gefühlsarm, da sich mein komplettes Gefühlspotential an meiner eigenen Person austobt. Das Empfinden von Glück ist zu einer selten auftauchenden Momentaufnahme geworden. Ich bin nur noch in Schüben glücklich, viel zu selten, um es mit jemanden teilen zu können. Außerdem habe ich ein weiteres Problem, auf das ich später noch zu sprechen komme, was mich ebenfalls davon abhält mich zu verlieben. Denn interessante Frauen habe ich durchaus kennengelernt und ich hätte auch durchaus Interesse daran gehabt, die eine oder andere Beziehung zu diesen Frauen zu vertiefen, aber entweder hatten diese Frauen kein Interesse daran oder ich habe es vermasselt. Tja, was heißt das für mein Sexleben? Nun ja: Es spielt sich täglich vor dem Computer ab, auf Homepages für Besucher über 18 Jahre und ist eher eine lustlose Angewohnheit geworden, um Druck abzulassen.

Früher war ich öfter mal im Bordell. Es tat gut ab und zu menschliche Nähe zu genießen, auch wenn diese professionell inszeniert wurde. Das ist übrigens etwas, was ich sehr faszinierend finde! Prostituierte sind wirklich Profis! Sie sehen dich an und wissen, was für ein Mensch du bist und was du für Wünsche und Bedürfnisse hast. Sie (Zumindest die meisten) haben es einfach drauf dir eine kurze Romanze oder ein Abenteuer zu inszenieren. Für diese Zeit fühlt sich das echt an! Zumindest fühlte es sich für mich so an. Nachdem ich fertig war, zerbrach diese Illusion immer relativ schnell und zurück blieb nur die ungeschönte Realität. Die Frau kuschelt sich ein paar Sekunden an dich und zieht sich dann schnell von dir zurück, als ob da nie eine Nähe zwischen euch gewesen wäre. Sie fordert ihr Geld und das Zimmer, vor allem das Bett, auf dem man eben noch in dieser wunderbaren Illusion gefesselt war, widert einen nur noch an. Der Geldübergabe folgt ein flüchtiges Küsschen auf die Wange und das Geschäft ist erledigt. Meist blieb es nicht bei einer Frau, da vor der Tür schon die nächste Frau darauf wartete, mir meine Wünsche abzulesen und illusorisch in Erfüllung gehen zu lassen. Dazu haben diese Damen ein außerordentliches Talent. Immer, wenn ich in ein Bordell kam, und nach weiblicher Zuneigung , die mir so fehlte, lechzte, landete ich oft direkt mit zwei Frauen auf einem Zimmer, ohne den Wunsch explizit auszusprechen. Nichts desto trotz fühlte ich mich nach diesen Besuchen oft schmutzig und eklig und ich habe oft genug an diese Frauen (ich erinnere mich bis ins Detail an jede von Ihnen) gedacht und daran wie viel Tragik in diesem „Beruf" steckt. Bei all meinen Besuchen in Bordellen, hatte ich dabei nur einmal das Gefühl, dass die Frau, mit der ich aufs Zimmer ging, unter dem leidet, was sie da tut. Das machte mich traurig und ich sprach sie darauf an. Sie weinte und erzählte mir von Ihrem Sohn, den sie in Rumänien zurücklassen musste. Natürlich fühlte ich mich jetzt richtig mies und ich wollte ihr wirklich helfen. Sie gab mir Ihre Nummer und wir telefonierten ein paar mal. Sie erzählte mir, dass sie 25.000 Euro brauche, um diesen unsäglichen Job aufgeben zu können. Ausgerechnet Geld... Als wenn ich davon soviel hätte... Ich hatte nicht das Gefühl, dass ich ihr wichtig wäre oder werden könnte. Sie war nur auf das Geld fixiert. Außerdem hatte ich keine Möglichkeit, um Ihr zu helfen, da ich damals schon wie ein Wahnsinniger gespielt habe. Ich sagte ihr das und der Kontakt brach ab. Ich musste seit dem oft an Kristina denken. Als ich irgendwann mal wieder in diesem Bordell war, war Sie nicht mehr da. Aber nun genug davon!

Punkt 3: Meine berufliche Situation ist für einen 30 jährigen, Gelinde gesagt, ungewöhnlich. Ich bin noch Student, mein Unternehmen ist quasi Pleite gegangen und ich habe einen großen stickenden Haufen Schulden und keinen Job, um die fälligen Raten zahlen zu können. Das ist, als wäre man zwischen zwei Mahlsteinen gefangen, die einen Stück für Stück zermalmen, bis nichts mehr übrig ist. Ich bin mittlerweile so weit fortgeschritten mit meinem Studium, dass ich nicht mehr aufhören sollte, andererseits aber noch in dem Stadium, in dem man einen Abschluss nicht mal eben von jetzt auf gleich erreicht. Ich werde jetzt arbeiten gehen müssen, was meine Zeit, die ich ins Studium investieren kann, deutlich einschränkt. Trotz der Arbeit wird sich aber an meiner Gesamtsituation erst einmal nichts ändern, ich werde wohl oder übel erst einmal zu Hause wohnen bleiben müssen.

Punkt 4: Ein weitaus wichtigerer Punkt, der mein Leben so kaputt macht, sind nicht meine Süchte, denn diese sind nur das Resultat eines anderen Problems. Es ist die Angst. Bei mir wurde eine leichte Agoraphobie (Platzangst) und eine Sozialphobie diagnostiziert. Ich habe vor allem Angst vor der Beurteilung durch andere Menschen. Wenn ich irgendwo mit mehreren Leuten zusammen bin, die ich nur flüchtig oder gar nicht kenne, fühle ich mich sehr unwohl und denke: Alle starren mich an und finden mich irgendwie hässlich, seltsam oder nicht männlich genug. Die Angst von Menschen auf diese Weise bewertet zu werden, hat dazu geführt, dass ich nach und nach alle möglichen sozialen Ereignisse gemieden habe. Ich meide die Uni, Geburtstage von Freunden und Familie, Klassentreffen, Dorffeste, Treffen mit Kommilitonen und Freunden usw. Wenn ich dann doch manchmal über meinen Schatten springe und irgendetwas unternehme, was ich sonst lieber sein lasse, bin ich äußerst angespannt vor und nach der Situation. Nach und nach habe ich Situationen und Orte gemieden, an denen eine potentielle Beurteilungsgefahr drohte. Es wurde immer schlimmer. Mittlerweile gehe ich kaum noch einkaufen und fahre nur noch ganz selten Bus. Natürlich gibt es auch Situationen und Augenblicke, in denen es nicht anders geht und ich über meinen Schatten springen muss. Damit komme ich auch klar. Aber, wenn es eine Möglichkeit gibt, diese Situationen zu vermeiden, vermeide ich sie auch, obwohl ich es manchmal doch bereue. Mein zu Hause ist meine absolute Komfortzone, hier bin ich sicher vor der Gefahr beurteilt zu werden oder mich lächerlich zu machen. Ziemlich schräg und lebensunwert, oder? Ich weiß, dass es das ist und ich weiß, dass ich diese Ängste in den Griff bekommen muss, bevor sich auch nur einer meiner aufgeführten Punkte ändern kann. Der Mensch ist aber ein Gewohnheitstier und die Verhaltensweisen, die ich mir angeeignet habe, sind nicht so einfach zu durchbrechen.

Punkt 5: Meine Ängste sind letztlich auch der Grund für meine Spielsucht und dafür, dass ich mich oftmals extrem mit Alkohol betäube. Dadurch, dass ich so viele Situationen vermeide, ist mein Leben langweilig, glück- und sinnlos. Das ist wohl auch ein Grund dafür, dass ich so schnell keine Frau kennenlernen werde, die mir und der ich gefalle. Diese negativen Gedanken versuche ich schließlich mit dem Spielen zu kompensieren. Wenn ich dann mal über meinen Schatten springe, nutze ich meistens eine ganze Menge Alkohol, um meine Ängste zu betäuben.

Jetzt reicht es aber auch mit der Jammerei! Ich habe mich jetzt schon oft mit diesem Scheiß beschäftigt. Das wird dem Leser kaum entgangen sein. Ich weiß ganz genau, wo die Hauptprobleme für das Desaster liegen und auch, was ich ändern muss, um eine wirkliche Chance zu haben, alles zum Guten zu wenden. Bisher habe ich das allerdings nie so radikal durchgezogen wie ich es jetzt vorhabe. Ich habe eine Therapie angefangen, die aber nicht geholfen hat, weil sie nicht tief genug gegraben hat. Ich fand es etwas zu oberflächlich, woran ich wahrscheinlich selbst meinen Beitrag geleistet habe.

Immerhin bin ich körperlich soweit gesund und muss mich nicht um meine Existenz sorgen, außer finanziell vielleicht. Alle meine Probleme, die ich nun lang und breit ausgeführt habe, sind jedoch akut. Immerhin habe ich mir schon überlegt und mir ausgemalt wie ich meinem Leben ein Ende setzen könnte. Den Leser, der die Meinung vertritt, dass ich mir Probleme schaffe, wo keine existieren und nur Spaß am Jammern habe, bitte ich um Nachsicht. Im weiteren Verlauf wird es weniger um Probleme gehen, sondern um deren Lösung und um das Leben! Ich weiß jetzt, dass ich es schaffen werde, alle Probleme zu lösen. Das bin ich mir und all den Menschen, die mich noch nicht aufgegeben haben, schuldig.

3 Zukunftsmusik

Welche Musik soll nun spielen für mein zukünftiges Leben? Ich habe mich für Bob Dylans „The timest hey are a changing" entschieden, statt „Knocking on heavens door".

Wichtiger ist jedoch, dass ich mir klar mache, wer ich zukünftig sein will, was ich tun will und welchen Sinn ich meinem Leben geben möchte. Die Frage nach dem Sinn des Lebens ist eine an der viele Menschen zerbrechen, aber ich glaube, dass man es sich da nicht so schwer machen sollte.

Wer möchte ich eigentlich sein? Wenn man unzufrieden ist mit der Person, die man ist, sollte man sich die Frage stellen: Welche Person möchte ich sein? Eines habe ich in den letzten Jahren auf jeden Fall gelernt: Ich möchte niemand mehr sein, der sein Leben danach ausrichtet möglichst viel Geld anzuhäufen, einen privilegierten Job zu bekommen und seinen Wert als Mensch danach auszurichten, was ich besitze. Geld ist nur Papier! Das klingt so leicht daher gesagt und der filmkundige Leser weiß wahrscheinlich, woher dieser Satz stammt, aber es ist wahr. Die letzten Jahre hat sich mein Leben nur um Geld gekreist! Geld verlieren, Geld gewinnen. Weinen, Lachen. Ich denke, dass ich nicht der einzige bin, dessen Gefühlswelt stark von seinem Kontostand abhängt. So ist nun mal das System und leider ist Geld lebensnotwendig, was der einzige Wert ist, dem man Geld beimessen sollte. Ansonsten macht es dich nur krank, es ist wie eine Droge! Du wirst nie genug bekommen können, wenn das Geld für dich einen besonderen Wert hat, und während du nur daran denkst, wie es wohl wäre reich zu sein, verpasst du dein ganzes Leben. Ich glaube viele Spieler werden mir da Recht geben.

Ich will mein kulturwissenschaftliches Studium beenden und Journalist werden. Das ist der perfekte Job für mich, weil ich mich für sehr viele Dinge begeistern kann und ich es spannend finde mich in verschiedene Dinge einzuarbeiten. Ich bin da eine Art Universaldilettant. Alternativ will ich an einer staatlichen Institution oder Behörde zur Friedenssicherung oder Entwicklungszusammenarbeit einen Job finden! Ich war schon immer ein Idealist und ich denke, dass man in beiden Jobs als Idealist einen guten Job machen kann! Das sind meine Wünsche. Natürlich kann das schwer zu erreichen sein, aber für mich geht auch nicht die Welt unter, wenn ich beides nicht erreichen sollte. Arbeit ist Arbeit und ich kann mir auch durchaus vorstellen, einen Job anzunehmen, wo körperlich anspruchsvolles Arbeiten gefragt ist. Ich will mich dennoch erst mal darauf fokussieren Journalist oder Staatsdiener, vielleicht eher Menschendiener, zu werden. Das will ich beruflich erreichen.

Beide Jobs sind eng verbunden mit dem Sinn, dem ich meinem Leben geben möchte. Ganz christlich, idealistisch gesprochen finde ich, dass es nichts nobleres gibt, als sich für diejenigen stark zu machen, für die sich sonst niemand einsetzt und die zu attackieren, die es verdient hätten, aber die sich niemand traut zu attackieren. Das klingt utopisch für jemanden, der Angst hat mit dem Bus zu fahren, aber ich habe mir ja vorgenommen meine Angst in Mut zu verwandeln. Beide Jobs bieten zumindest die Möglichkeit dazu. Ich sehe gerade keinen nobleren Lebenssinn als diesen. Natürlich hätte ich gerne eine Frau und Kinder, die den Platz des Sinns in meinem Leben einnehmen, aber von der Erfüllung dieses Wunsches bin ich zu weit entfernt. Außerdem kann ich so etwas schlecht als Ziel für mich definieren. Es lässt sich nicht planen. Es passiert einfach und dann ist dein Lebenssinn plötzlich nicht mehr der, der er vorher war.

Ansonsten will ich, dass meine Eltern stolz auf mich sind, dass ich einen Weg aus meinem

Jammertal gefunden habe. Ich möchte meinen Freunden ein besserer Freund sein. Ich möchte ehrlich und aufrichtig durchs Leben gehen und weder mich selbst noch andere belügen. Ich will lernen loszulassen, meine negativen Gedanken über mich selbst nicht mehr zulassen und ich will inbrünstig darüber lachen können, wie ich war!

4 Machen, Machen, Machen

Das ist viel, was ich mir da vorgenommen habe und ich weiß, dass ich von der Realisierung noch meilenweit entfernt bin. Jetzt gilt es: Machen, machen, machen! Und das ohne alles zu hinterfragen.

Wenn man davon schreibt, was für eine Zukunft man sich vorstellt, fühlt man sich bereits, als hätte man das alles schon umgesetzt. Es fühlt sich gut an. Ein kleiner Vorgeschmack, an den man sich immer erinnern sollte, wenn man sein Ziel aus den Augen verliert.

Ich werde meine Probleme nach und nach lösen und all die negative Energie in positive umwandeln. Alle Probleme sind Katalysatoren auf dem Weg zum persönlichen Erfolg. Aber wie genau verfahre ich nun. Was kann ich „machen, machen, machen"?

Als erstes muss ich meine Firma abmelden. Das muss sehr schnell über die Bühne gehen. Also alles verkaufen, was möglich ist, alles an meine Gläubiger bezahlen, was möglich ist und für die restlichen, offenen Schulden einen Rückzahlplan erstellen! Wir haben jetzt Juni. Dafür werde ich wahrscheinlich einen Monat benötigen. Im Oktober muss ich mein Studium fortsetzen. Bis dahin muss ich meine Ängste überwunden haben, so dass ich kein Problem mehr damit habe, Seminare und Vorlesungen zu besuchen.

In den drei Monaten Juli, August und September muss ich also alles daran setzen, meine Ängste in den Griff zu bekommen. Dieser Weg ist untrennbar damit verbunden, von zu Hause weg zu kommen! Leider fehlt mir das Geld, um in eine eigene Wohnung oder ein WG-Zimmer ziehen zu können. Es gibt eine kostengünstige Möglichkeit weg zu kommen! Das ist eine Pilgerreise! Ich habe schon öfters darüber nachgedacht und es ist die perfekte Idee. Natürlich werde ich mit meinem schmalen Budget ab und zu unter freiem Himmel nächtigen müssen, aber das ist dann nur eine weitere Angst, die ich überwinden werde.

Ich bin mir zu 100% sicher, dass ich aus meiner Komfortzone ausbrechen muss, um meine Ängste zu überwinden. Denn, tue ich das nicht, ist die Versuchung viel zu groß, sich wieder in diese Komfortzone zu begeben.

Außerdem: Was könnte passender sein? Im Mittelalter pilgerten viele Menschen, auch viele

Verbrecher, um Buße für ihre Sünden zu tun. Natürlich pilgerten manche Pilger auch aus rein religiösen Gründen, aber viele pilgerten bzw. mussten pilgern, um Buße zu tun und vom falschen Weg umzukehren. Passender geht es nicht: Auch ich muss Buße tun für meine Sünden und ich will umkehren.

Wenn ich dort wandere, kann ich meinen Alltagstrott durchbrechen. Ich werde nicht mehr 6 Stunden am Tag vor dem Computer sitzen, ich werde kaum in die Versuchung kommen zu zocken oder übermäßig viel zu trinken. Ich werde raus kommen! Ich werde dort sein, wo die ultimative Freiheit zu Hause ist, in der Natur!

Es wäre ein Abenteuer, genau das, was mir fehlt, und was letzlich der Grund für meine Spielsucht ist! Das ist doch eine perfekte Idee oder nicht? Wenn ich dann wiederkomme, bin ich gewappnet für mein Studium und fürs Leben!

Ich weiß, dass meine Eltern das nicht verstehen werden, aber das müssen sie auch nicht!

Auf dem Weg, werde ich meine Erfahrungen festhalten und vielleicht auch veröffentlichen. So kann ich auch schon mal an meinen Schreibfertigkeiten feilen oder sehen, ob ich dieser Kunst überhaupt gewachsen bin.

Ich bin überzeugt, dass der Weg mich weiterbringen wird! Haltet mich für einen Träumer, denn das bin ich!

Die Route habe ich mir auch schon genauestens überlegt. Ich werde von den Jakobsweg gehen. Von Wien bis nach Einsiedeln; von Einsiedeln bis nach Genf; Von Genf mit dem Zug nach Arles; Von Arles bis zum Col du Somport, vom Col du Somport nach Zarautz, und von Zarautz bis Santiago de Compostela, und schließlich von dort zum Cap Finisterre. Einige Abschnitte werde ich mit dem Zug fahren, damit ich zeitlich gut durch komme. Pro Tag muss ich ca. 25 bis 30 km wandern, um mein Ziel in den 3,5 Monaten zu erreichen. Das wird anstrengend, aber machbar sein!

5 Los geht's!

So nun bin ich endlich bereit! Es kann losgehen. Die letzten Wochen waren verdammt stressig. Ich musste ziemlich viel regeln, aber nun ist alles klar und es kann endlich losgehen. Die Vorfreude ist riesig! Ich fahre mit dem Zug nach Wien. Während ich im Zug sitze werde ich nervös. Da war ja meine Angst vor öffentlichen Verkehrsmitteln… Die spüre ich zwar auch. Aber viel schlimmer als das, ist die Ungewissheit, was mich erwarten wird. Werde ich das hinbekommen? Kommt jemand wie ich, der so schlecht einen Draht zu anderen Menschen findet, mit dieser Situation klar? Was ist, wenn ich den ganzen Weg allein sein werde?

Mein Puls beschleunigt sich und ich rede auf mich ein, dass schon alles gut wird. Ich höre Musik und lese in meinem Pilgerführer, um mich etwas abzulenken! Es hilft.

Nach 12 Stunden Zugfahrt erreiche ich mein Ziel. Wien Hauptbahnhof! Ich werde die Nacht im AO-Hostel in der Nähe des Hauptbahnhofs verbringen.

Ein Kreis schließt sich nun, denn ich war schon einmal in Wien. Damals habe ich das erste mal eine große Summe Geld verspielt und bin nach Wien geflüchtet, weil mir das damals so verdammt peinlich war. Ich wollte mit niemandem darüber sprechen und am liebsten nie wieder nach Hause zurückkehren!

Damals ist in mir die Idee gereift pilgern zu gehen. Ich hatte mir einen Wanderführer für den Jakobsweg von Wien nach Einsiedeln geholt. Aber ich bin nach Hause zurückgekehrt, weil einfach weg zu bleiben feige und unverantwortlich gewesen wäre. Nun stehe ich wieder hier und muss daran denken, wie ohnmächtig ich mich gefühlt habe. Ich wusste nicht mehr, was ich machen sollte. Ich schaue vom Hostel hinüber zu dem Bordell, vor dem sich einige Frauen tummeln und schwöre mir, dass ich diesmal das durchziehen werde, was ich mir vorgenommen habe! Damals im Januar war hier alles verschneit. Das war schöner! Jetzt ist es so verdammt warm hier. Die Schminke der Frauen, die sich mir anbieten, scheint zu verlaufen. Diese Frauen sind echt offensiv! Eine schmiegt direkt ihre Hüfte von vorne an mich und fragt, ob ich einen geblasen haben möchte. Ich lehne dankend ab und verschwinde schnellstmöglich ins Hostel. Dort stürze ich noch schnell drei eiskalte

Biere hinunter und verschwinde auf mein Zimmer! Ich will noch ein Mal richtig gut schlafen, bevor es am nächsten Tag losgeht. Draußen ist es laut! Ich liege im Bett. Es ist so verdammt warm! Ich freue mich schon auf morgen! Das wird super! Fertig von der langen Reise, fällt das Einschlafen nicht schwer.

Der nächste Morgen lacht mich sofort an! Die Sonne scheint, es ist keine Wolke am Himmel. Einen besseren Tag kann es nicht geben, um loszuwandern. Ich dusche, packe meine Sachen zusammen und begebe mich zum Frühstücksbuffet.

Gut gestärkt gehe ich einen bekannten Weg! Wien ist schon eine super Stadt, die das Flair von Jahrhunderten mit dem modernen Leben vereint. Außerdem ist es eine Metropole. Hier gibt es alles, was das Herz begehrt. Ich gehe vorbei am Parlament, am Nationalmuseum. Immer weiter und weiter. Ich sauge die Großstadtatmosphäre, die ich eigentlich gar nicht so gerne mag, noch einmal in vollen Zügen auf. Ich überquere die Donau und suche ein kleines Restaurant auf, in dem ich bei meinem letzten Aufenthalt in Wien öfter gegessen habe. Ich bestelle mir einen großen Espresso. Das bringt mich in Schwung.

Ich gehe weiter Richtung Osten. Das erste Ziel ist Purkersdorf. Irgendwann lasse ich den Großstadtflair Wiens hinter mir und komme um 15.30 Uhr in Purkersdorf an. Das ist früh, aber ich bin trotzdem ziemlich geschafft. Ich rufe eine Frau Nagy an, die mir die Pilgerherberge aufschließt und mir alles Wichtige erklärt. Die Nacht hier kostet 6 Euro. Das ist super. Frühstück werde ich mir selbst besorgen. Ich bin sowieso kein guter im Frühstücken. Die nette, hilfsbereite Frau Nagy verabschiedet sich, weil sie noch etwas erledigen muss, und wünscht mir eine gute Reise. Ich bin der einzige Pilger hier. Ich setze meinen Rucksack ab und merke bedauerlicherweise schon leichte Schmerzen in meinen Fußsohlen. Das fängt ja gut an, denke ich mir. Aber ich bin immer noch bestens gelaunt. Ich gehe zum alten Postamt, das nun ein gut-bürgerliches Restaurant ist und schlage Budget-technisch etwas über die Strenge. Für dieses Essen schlafe ich gerne eine zusätzliche Nacht unter freiem Himmel, denke ich bei mir und esse und esse mich glückselig. Mit dem wohligen Gefühl für heute mit allem fertig zu sein, lasse ich mich auf der Bank vor der Herberge nieder und döse vor mich hin.

Wem Ruhe und Sinnlichkeit nicht zusagen, der sollte nicht Pilgern gehen. Auf dem Weg, hat man Stunden, um nachzudenken und Ruhe, wie man Sie nicht mehr kennt. Das war ein schöner erster Tag, denke ich bei mir, während die Sonne schwerer und müder zu werden scheint. Genau wie ich. Um 10 Uhr war ich am Schlafen wie ein Baby!

Den nächsten Morgen aus dem Bett zu kommen ist gar nicht so einfach. Ich würde am liebsten für immer liegen bleiben. Das mache ich auch eine Zeit lang, wie lange genau, das weiß ich nicht, denn ich habe mir vorgenommen, nicht so oft auf die Uhr zu schauen.

Ich wollte diese ersten Eindrücke unbedingt festhalten, aber von nun an werde ich nicht jeden Tag auf diese Weise dokumentieren. Das wäre für den Leser genauso langweilig wie für mich.

Ich bin jetzt zwei Tage unterwegs. Der zweite Tag ähnelte sehr dem ersten und ich muss zugeben, dass nicht wirklich viel passiert. Viele Pilger erzählen von außergewöhnlichen Momenten, die Sie auf dem Weg erleben. Es kann sein und ich hoffe es, dass solche sich ereignen und auch mir noch widerfahren, aber ich habe jetzt schon festgestellt, dass solche Momente wahrscheinlich eher Ausnahmen sind. Bei mir dreht sich eigentlich mein ganzer Tag darum, heile anzukommen und immer genug zu essen und trinken zu haben. Es ist verrückt, aber an was anderes habe ich kaum gedacht. Nur an das Nötigste zu denken, ist aber nicht unbedingt schlecht, im Gegenteil, vielleicht sollte ich das öfter tun. Mir gefällt das.

Also: Ich werde in Zukunft den Leser davor bewahren, ihm darzulegen wie ich marschiere, Kaffee trinke oder wo ich meine Notdurft verrichte. Natürlich nimmt man auch die wunderbare Natur wahr, aber selbst das wäre für den neutralen Beobachter doch eher uninteressant. Ich werde also nur noch etwas schreiben, wenn es für mich und meinen Weg zur Rehabilitation von Angst und Sucht wichtig zu sein scheint oder wenn ich es sonst in irgendeiner Weise als richtig erachte.

Gerade geht es mir noch verdammt gut. Meine Füße tun zwar ein wenig weh, aber ansonsten bin ich guter Dinge. Allerdings kam ich auch noch nicht in eine Situation, in der ich mit meiner Angst kämpfen musste. Mal sehen, was in den nächsten Tagen so geschieht.

6 Erste Krise

Mittlerweile bin ich in Oberhofen angekommen. Hier ist alles so wahnsinnig idyllisch, Weidenlandschaft umringt von Bergen. Die Idylle hat jedoch keinen Einfluss auf mein Wohlbefinden. Mir geht es beschissen und am liebsten würde ich nach Hause fahren. Bislang habe ich auf dem Weg nur mit zwei über 60 jährigen Rentnern geredet, die aber auch nur einzelne Teilstücke wandern. Sonst laufen hier zwar auch viele Wanderer auf dem Weg, aber die scheinen fast alle nur Tagestouren zu laufen. Ich fühle mich etwas einsam.

Ich bin nun zwei Wochen unterwegs und habe mit noch keinem Menschen so richtig lange gesprochen. Außerdem tun meine Füße mittlerweile sehr weh. Ich habe an beiden Füßen mehrere Blasen. An beiden Fersen und an den Zehen. Das brennt wie Hölle. Ich versorge das Ganze zwar schon so gut es geht mit Blasenpflastern und sorge mit Melkfett dafür, dass ich nicht noch mehr Blasen bekomme, aber die Schmerzen bei Belastung sind nicht von schlechten Eltern. Ich mache physisch schlapp. Ich hänge hier alleine in der Pilgerherberge herum und bereue, dass ich diese Reise auf mich nehmen wollte.

Ich habe nun auch schon einige Mal draußen geschlafen, was ich nicht unbedingt empfehlen kann. Man wacht sehr früh und ganz beschissen auf! Dann hat man kein Bad, keine Toilette, nichts. Außerdem ist es etwas unheimlich. Ich hatte echt Angst und konnte das erste Mal gar nicht schlafen. Neben den ganzen Geräuschen der Nacht, scheint der Wiesenboden aus Beton zu bestehen und außerdem ist es verdammt kalt. Vielleicht hätte ich ein Zelt mitnehmen sollen.

Einmal hatte ich das Gefühl, dass sich mir etwas nähert. Im Mondschein konnte ich nicht viel erkennen. Ich dachte ich bekomme einen Herzinfarkt. Aber als ich das Geräusch etwa 10 Meter neben mir lokalisierte und mich auf die Stelle konzentrierte, konnte ich eine Kuh ausmachen. Ich packte meinen Kram und legte mich etwa 500 m weiter weg.

Die wirklich wundervolle Natur hier, die Ruhe und Friedlichkeit der Gegend, kann ich nicht mehr genießen. Sie kotzt mich sogar an.

Ich bin fertig, aber ich kann nicht einfach aufgeben. Nicht jetzt und nicht schon wieder. Es ist gut, dass ich meine Gedanken festhalte, denn sonst wäre mir wahrscheinlich gar nicht bewusst geworden, dass die Kapitulation und das Aufge-

ben sich wie ein roter Faden durch mein Leben ziehen.
Ich habe so oft schon etwas aufgehört oder frühzeitig beendet. Ich habe ganz selten die Ausdauer gehabt etwas zu Ende zu bringen. Wenn ich an meine berufliche Situation denke, ist es kein Wunder, dass ich seit dem Zivildienst nichts mehr erreicht habe. Ich habe einfach nichts mehr zu Ende gebracht. Es ist ja nicht so, dass ich es versucht hätte und gescheitert wäre. Nein, ich habe es nicht mal versucht. Auch das Spielen habe ich nicht in letzter Konsequenz beendet. Ich habe mir immer irgendwie einen Ausweg offen gelassen, frei nach dem Motto: Wenn ich das im Griff habe, kann ich schon mal wieder ein wenig spielen. Das ist Bullshit! Ich werde es nie so unter Kontrolle haben, dass das möglich wäre. Es wird immer wieder außer Kontrolle geraten!

Jetzt, wo mir klar wird, dass ich so oft schon aufgegeben habe und etwas frühzeitig beendet habe, wird mir bewusst, wie verdammt wichtig es ist, dass ich mich durch diese Herausforderung, die ich erst mal für einen Rehabilitationsurlaub gehalten habe, bis zur letzten Konsequenz durchziehe.

Ich humpele Richtung Bett! Frisch und fröhlich bin ich nicht mehr, aber ich werde die Zähne zusammenbeißen. Ich weiß, dass ich diese Fähigkeit durchaus besitze. Ich liege im Bett und sage mir, dass dies eine Generalprobe ist, die Generalprobe, um solch unangenehme Situationen in den Griff zu bekommen. Das ist eine Fähigkeit, die man im Leben einfach braucht. Wieder einmal schlafe ich sehr gut.

7 Ein Bruder im Geiste

Eigentlich hatte ich das Kapitel Pilgern nun schon abgeschlossen! Seit meiner Krise in Oberhofen sind mittlerweile weitere 10 Tage vergangen. Die täglichen Schmerzen sind immer noch da. Ich hatte nicht viel Neues erlebt und mir gehtes nicht gut! Ich habe nun sogar einige Pilger getroffen und ein bisschen mit denen geschnackt. Da war Günther, ein 60 Jähriger Frührentner aus Oberbayern, der schon öfters gepilgert ist und mir beim Abendessen erzählte, was ein Pilger ist, was einen Pilger auszeichnet. Er sprach immer von „Wir". „Wir stehen morgens auf, frühstücken und wandern los. Wir haben nicht immer Spaß daran, aber wir laufen. Wir ernähren uns spartanisch. Wir haben Schmerzen, aber wir machen trotzdem weiter…" Usw. So sehr das sogar zu meiner Situation passte, so richtig vermochte es mir nicht zu helfen. Es war nett mal mit jemandem zu reden, aber auch kein Heilmittel gegen mein Verlangen, den ganzen Trip auf der Stelle zu beenden.

Ich konnte einfach nicht mehr. Ich beschloss einen Tag zu pausieren. Ich ging in Jenbach, ein idyllischer Ort, in eine Kneipe, bestellte mir wieder rustikales Essen und trank ziemlich viel. Ich saß ab 16 Uhr dort im Biergarten und leerte Bier um Bier, verloren in Gedanken und niedergeschlagen. Irgendwann um 21 Uhr setzte ich mich drinnen an die Bar. Ich stieg auf Whiskey um, wohlwissend, dass mir das den Rest geben wird.

Außer mir saß nur noch ein Mann an der Bar. Die restlichen Gäste saßen alle draußen im Biergarten.

„Grüß Gott" begrüßte er mich, nachdem ich meine Bestellung abgegeben hatte. „Whiskey häh?" und schüttelte den Kopf. „Whiskey sollte man nur trinken, wenn man gut gelaunt ist und du machst nicht den Eindruck gut gelaunt zu sein".

Ich war genervt und gereizt und hoffte, dass mich der alte Trunkenbold in Ruhe lässt!

„Ich kenn Sie nicht, was machen sie hier? Sie müssen wissen, ich kenne hier jeden" sagte er, die Worte nacheinander aufsagend.

Oh nein dachte ich mir, nicht das noch. „Ich bin hier, weil ich Durst habe".

„Ah ich seh schon... Der Herr ist gereizt!".

Ich wollte nur noch austrinken und gehen. Ich stürzte den Whiskey runter und wollte zahlen. Als die Barfrau, eine kleine brünette Dame im Dirndl, mit einem üppigen Vorbau, auf mich zukam, um abzurechnen, gluckste mein neuer

„Freund" dazwischen „Gib ihm noch einen auf meinen Deckel, Schätzl!".

„Scho Recht", entgegnete die kleine Frau mit den weiblichen Kurven, wandte sich ab und eilte davon, um den Wunsch zu erfüllen.

„Trinken Sie oft?", fragte der Mann.

„Es geht. Zurzeit öfter", antwortete ich.

„Ahja. Ein Kummertrinker… Cheers!".

„Ich habe keinen Kummer, nur nicht meinen besten Tag".

„Den habe ich auch nicht und das schon seit drei Jahren."

Und nun fing er an mir seine Geschichte zu erzählen. Er sein in Jenbach geboren und sei sein ganzes Leben hier geweseh. Nach der Ausbildung habe er die Schreinerei seiner Eltern übernommen, obwohl er das gar nicht wollte. Mit 22 Jahren habe er dann Maria geheiratet. Er habe zwei Kinder mit ihr und die Familie lebte ein angenehmes, glückliches, sorgenloses Leben. Vor 12 Jahren sei dann sein jüngerer Sohn bei einem Autounfall ums Leben gekommen. 2 Jahre versuchten Maria und er den Schmerz irgendwie zu vergessen, aber es sei alles nicht mehr so gewesen wie früher. Maria verzweifelte und sagte ihm, dass sie wegziehen wolle. Er weigerte sich. Eine Weile lebten sie nur noch aus Gewohnheit weiter zusammen. Aber Maria sagte immer wieder, dass sie das hier nicht mehr aushalte. Er habe gedacht, dass das schon irgendwann nachlässt und ihren Wunsch nicht ernst genommen. Irgendwann sei Sie dann weg gewesen ohne eine Nachricht zu hinterlassen. Sie meldete sich bei ihm nach einer Woche und sagte, dass er zu ihr kommen solle, aber nur, wenn er alles hinter sich ließe und für immer bleibe. Vorher werde sie ihm nicht sagen, wo Sie sei. Sie wolle nicht mehr zurück nach Jenbach und fühle sich schon viel besser seitdem sie nicht mehr dort sei. Er sagte, dass sie verrückt sei und zur Vernunft kommen solle, dass sie das schöne Leben und all die Erinnerungen an ihren Sohn nicht einfach wegwerfen könne. Sie entgegnete ihm schluchzend, dass es nicht anders gehe. Woraufhin er wütend auflegte. Ein weiteres Telefonat in ähnlicher Form folgte und danach rief Sie nicht mehr an. Er wisse nicht, wo Sie hingezogen sei. Auch die ältere Tochter, die in Linz lebt, schien es nicht zu wissen.

Seit dem sitze er täglich hier an der Bar betraure seinen verstorbenen Sohn und seine verschwundene Frau mit der Flasche und frage sich, wie ihm das alles passieren konnte.

Ich fragte ihn, warum er seiner Frau nicht gefolgt sei. Er schwieg.

„Heute würde ich es tun! Damals hatte ich Angst davor, meinen Sohn zu vergessen und den Betrieb meiner Eltern aufzugeben. Ich konnte mir einfach nicht vorstellen noch einmal komplett neu anzufangen. Jaaa."

Er blickt in sein Glas und fügt hinzu: „Ich hatte keine Eier. Natürlich war ich geschockt, nach dem Tod meines Sohnes, aber meine Frau hat mir oft genug klar gemacht, dass sich etwas ändern muss..".

Nach kurzem Schweigen sagt er noch ganz beiläufig: „Hätte ich vor drei Jahren das getan, wovor ich Angst hatte, wäre ich jetzt kein verdammter Säufer." Dann ging er Richtung Toilette davon.

In dem Moment ist mir die Kinnlade heruntergefallen. Ich war richtig geschockt! Das war verrückt. Da redet man drei Wochen lang mit fast niemandem und wenn, dann nur über das gemeinsame Thema Pilgern, und dann so etwas...

Nachdem er wieder kam, gab ich ihm noch ein Bier aus, sagte ihm, dass es mir leid tue und erzählte ihm von meiner Reise. Den Grund für meine Pilgerfahrt behielt ich allerdings für mich. Er hörte mir interessiert zu. „Spannende Sache. Richtiges Abenteuer!". Ich sagte ihm noch, dass es nicht sehr gut laufe, aber er winkte nur ab und sagte „Das wird schon". Er war nicht mehr bei der Sache. Ich glaube, er war in dem Moment in Gedanken wieder bei seiner Frau und seinem Sohn. Ich dankte ihm für das nette Gespräch, zahlte meine Zeche plus Trinkgeld für das zünftige Madl und torkelte in Richtung Herberge.

Das war gestern. Heute habe ich einen verkaterten Tag Pause gemacht. Ich kann das immer noch nicht glauben. Durch so einen Zufall, erzählt mir jemand, was passiert, wenn man sich seiner Angst wegen von etwas abhalten lässt, was so verdammt wichtig für einen ist. Ich beginne zu glauben, dass da etwas Wahres dran ist, an diesen seltsamen Begegnungen auf dem Jakobsweg. Ich weiß, das klingt verrückt und vielleicht interpretiere ich da auch zu viel hinein, aber genauso ist es geschehen. Ich weiß nicht, ob ich alles eins zu eins richtig wiedergegeben habe, immerhin war ich ganz schön stramm, aber glaubt mir: diesen einen Satz mit der Angst habe ich mir ganz genau gemerkt. Selbst, wenn ich das nur geträumt hätte, es macht mir Mut weiterzugehen und das weswegen ich hier bin; nämlich, um meine Ängste loszuwerden. Der Gedanke alles hinzuwerfen, ist jedenfalls verschwunden.

8 Neuer Mut

Heute bin ich in Einsiedeln angekommen. Ich bin also schon in der Schweiz und ca. 750 km gegangen. Zeit für ein kleines Pilgerfazit.

Zunächst mal zu meiner Verfassung: Mir geht es schon viel besser. Die Schmerzen in meinen Füßen ließen in den letzten Tagen immer mehr nach. Jetzt gerade spüre ich Sie gar nicht mehr. Seit dem Abend in Jenbach scheint alles irgendwie leichter geworden zu sein. Ich verspüre auch gerade keinen Druck oder Stress mehr. Alles ist sehr angenehm. Die letzten Kilometer vor Einsiedeln, hat die Zahl der Pilger rapide zugenommen, denn Einsiedeln ist ein berühmtes Pilgerziel für religiös motivierte Pilger. Die meisten davon sind schon etwas betagter. Aber das macht nichts, es tut gut ein wenig Smalltalk zu führen. Alle, die hier rumwandern scheinen glücklich zu sein.

Ansonsten bin ich jetzt der Ansicht, dass meine Idee zu pilgern genau die richtige war. Ich habe zwar noch einen verdammt langen Weg vor mir, aber folgendes steht fest: Dieser Weg fordert einen vollständig: Physisch und Psychisch. Man muss kämpfen, zumindest musste ich das. Es ist verdammt hart, die kritischen Punkte zu überwinden. Ich glaube ohne den Abend in der Jenbacher Kneipe hätte ich schon aufgegeben.

Das Leben auf dem Weg ist wie erwartet ziemlich günstig. Noch komme ich sehr gut zurecht. Und mit dem gelegentlichen Wild-Campen habe ich auch meinen Frieden geschlossen. Auch wenn das immer noch sehr unangenehm ist.

Ich bin losgezogen, um meine Ängste in den Griff zu bekommen. Ich wurde zwar noch nicht bis an meine Grenze gefordert, was meine Angstsituationen betrifft, aber einige Dinge habe ich schon gemeistert. Da ist die Angst mit anderen fremden Leuten in einem Raum zu schlafen, alleine nachts draußen unter freiem Himmel, irgendwo in der Wildnis, zu schlafen. Die Angst, es nicht zu schaffen und ein Schwächling zu sein. Mit meinen tiefsten Ängsten wurde ich noch nicht konfrontiert, aber ich bin sicher, dass ich das zukünftig noch werde. Der Weg scheint dazu bestimmt zu sein.

Eines habe ich an mir selbst schon feststellen können. Ich bin viel ruhiger geworden. Am Anfang war ich aufgedreht und euphorisiert, dann schwang das in Enttäuschung, Wut und Resignation um. Jetzt bin ich ruhig. Ich gehe und gehe, denke wenig darüber nach. Ich bin im Flow!

In Einsiedeln stand ich heute wie gebannt vor einer schwarzen Marienstatur, die ein schwarzes Jesuskind im Arm hält. Mir fiel etwas aus meinem Studium ein, als ich die schwarze Maria betrachtete.

Alle großen Religionskritiker, angefangen von Xenophanes, über Feuerbach und Marx, bis Nitzsche, waren der Meinung, dass Gott nur eine Erfindung des Menschen sei. Der Mensch schaffe sich seine Götter so, wie er sie haben wolle und so wie sie seinen Idealen entsprechen. Das ist wahr! Ein Afrikaner wird sich Gott wahrscheinlich in seiner Hautfarbe vorstellen und Buddha wird in Asien wohl kaum ein mittel-europäisches Aussehen haben. Außerdem werden Kriegsvölker wohl kaum einen Gott anbeten, der wie der christliche Gott der Liebe, für Frieden unter den Menschen predigt. All das ist logisch! Ist Religion dann nur eine Erfindung des Menschen?

Feuerbach sagt, dass nicht Gott den Menschen, sondern der Mensch Gott nach seinem idealtypischen Bild erschaffen hat. Dagegen kann man kaum etwas einwenden, aber deshalb ist der Glaube noch lange keine Illusion. Ist Gott nur eine Erfindung? Ich weiß es nicht, aber gerade habe ich daran gedacht, dass auch das eigentlich nicht tragisch wäre.

Immerhin haben Milliarden Menschen auf der Welt sich demnach einen Idealtypus geschaffen, der Ideale wie die Menschenrechte in sich vereint. Das spricht dafür, dass die Menschen doch nicht alle so schlecht sind, wie man oft annimmt. Fast alle Menschen haben diese Ideale als einen kleinsten gemeinsamen Nenner, auf den sich alle einigen können. Das ist doch eine schöne und beruhigende Vorstellung, wie ich finde.

Wenn du an sozialer Angst leidest, dann siehst du in jedem Menschen fast nur das Schlechteste! Du denkst, dass er oder sie sich über dich lustig macht, dich erniedrigt usw. Die Tatsache, dass so viele Menschen die gleichen Grundideale haben, sollte jedem Menschen mit Sozialphobie Mut machen. Viele Menschen denken genauso wie ich. Sie sind dagegen, dass man andere erniedrigt und würden so etwas nie tun. Natürlich gibt es auch Ausnahmen. Menschen, die Ihre Stellung aufwerten wollen. Dadurch, dass Sie andere erniedrigen. Aber, wenn ich ehrlich bin, ist das ein kleiner Teil und alle anderen Menschen werden dieses Verhalten wahrscheinlich verurteilen.

Ich gehe aus der Kapelle und nehme mir vor, nicht immer nur das negative Potential in einem fremden Menschen zu sehen, sondern viel mehr auf die positiven Eigenschaften achten will, wohlwissend, dass es diese in allen Menschen gibt.

Wer weiß, wenn diese Ideale in jedem Menschen angelegt sind, gibt es vielleicht doch einen „Gott". Ich habe mich noch nicht festgelegt, ob ich wirklich an so etwas wie Gott glaube. Ich kann es mir vorstellen, dass es Gott gibt, aber irgendetwas fehlt mir, um in letzter Konsequenz daran zu glauben. In meinem Studium habe ich gelernt, wie man seinen (in meinem Fall den christlichen) Glauben bis ins kleinste Detail vor der Vernunft rechtfertigen kann und alle Argumente von Atheisten entkräften kann. Die Voraussetzung dafür ist allerdings, dass man erst einmal glauben muss. Der Glaube ist die Voraussetzung. Dann kann man seinen Glauben auch vernünftig begründen. Mir fehlt allerdings etwas, um glauben zu können. Ich weiß nicht, was es ist, aber dieser Zweifel ist in mir eingepflanzt. Ich würde gerne glauben.

Vielleicht werde ich ja noch etwas schlauer auf dem Weg, was meinen möglichen Glauben an Gott betrifft.

In den nächsten Tagen wandere ich durch die Schweiz. Das Wetter war bislang super. Nicht zu warm, aber meist trocken und sonnig. In dem Reiseführer habe ich gelesen, dass die Wege in Frankreich, und vor allem in Spanien, sehr viel mehr bewandert sind. Darauf freue ich mich gerade und sehne dem entgegen. Ich bin zwar gerne auch mal für mich, aber so ganz allein fühlt man sich auch nicht richtig wohl.

9 Es geht doch

Heute bin ich bei strahlenden Sonnenschein in Genf eingetroffen, habe mich sofort auf die Suche nach einem Badestrand am Genfer See begeben und bin nach einer Weile auch fündig geworden. Als ich ins Wasser ging, schauten mir zwei echt heiße, braungebrannte Frauen im Bikini nach.

Wow vielleicht ist Pilgern ja auch gut fürs Sexappeal, denke ich mir und grinse die beiden an. Die stecken die Köpfe zusammen und lachen. Ich bin nun schon über 1000 km gewandert und scheine ziemlich drahtig geworden zu sein. Ich ernähre mich nun viel von Brot, Obst und Wasser, was ich zu Hause nie tun würde. Das Wasser ist ganz schön kalt, kälter als erwartet. Ich liege im Wasser und bin total …. Ja was? Was beschreibt dieses wohlige Gefühl! Ich denke an nichts und liege einfach nur so da. Ich weiß nicht wie lange. 30 Sekunden? 5 Minuten? 1 Stunde? Keine Ahnung.

Ich warte durchs Wasser Richtung meines Handtuchs. Die beiden Schönheiten haben ihre Körper inzwischen gewendet und lassen sich nun Ihre Rücken bräunen. Unwillkürlich wandert mein Blick auf diese zwei Prachtärsche, die dort nebeneinander in der Sonne funkeln und merke plötzlich, dass ich mich auch ganz schnell auf den Bauch legen sollte, um meinen Rücken zu bräunen, um die Erektion zu verbergen, die gerade dabei ist sich aufzubauen.

Verdammt! Ich lasse mich aufs Handtuch fallen und lege mich wie gesagt schnell auf den Bauch. Gerade noch mal gut gegangen. Innerlich muss ich lachen. Kennt ihr das Gefühl, wenn man sich denkt, dass man eine Sache eben jetzt nicht denken darf, und dann erst gerade daran denkt. Ich habe mir gedacht, dass darf jetzt nicht passieren, habe versucht an stinkende Socken zu denken. Aber die anderen Gedanken waren überwältigend und schwups war es passiert und ich dachte nur noch daran, woran ich auf keinen Fall denken wollte. Das hätte peinlich werden können.

Um mich abzulenken, denke ich an meine Angst und mir wird klar, dass es mit der Angst ähnlich ist. Angst geht oft mit Symptomen wie Hyperventilieren oder Atemnot einher. Ich erinnere mich nur allzu gut daran, wie ich immer voll negativer Erwartung in der Uni saß, während sich jeder vorstellte. Ich hatte Angst und dachte, hoffentlich hyperventiliere ich nicht gleich, wenn ich an der Reihe bin, um mich vorzustellen. Als hätte ich es heraufbeschworen, bekam ich Atemprobleme, sobald mein Nachbar an der Reihe war. Als ich mich dann vorstellte, redete ich vier Sätze ohne Luft zu holen und hatte das Gefühl keine Luft mehr zu bekommen. Das muss wahrlich etwas komisch auf den Betrachter gewirkt haben. Ich sah mich um und glaubte herablassendes Lächeln auf den Gesichtern, erkennen zu können. Ich fühlte mich mies und ging nicht mehr zu dem Seminar.

Ja die Gedanken sind schon ein witziges Phänomen und, dass man mittels seiner Gedanken dafür sorgen kann, dass Befürchtungen sich tatsächlich erfüllen, davon bin ich überzeugt. Aber wie kann man negative Gedanken loswerden, wo doch jeder Versuch sie loszuwerden, sie erst gerade zu Tage treten lässt?

Ich glaube, dass es unmöglich ist, negative Gedanken zu beseitigen. Sie sind da und irgendwie muss man mit Ihnen klarkommen. Man kann die Befürchtung vor einem negativen Gedanken immer wieder wiederholen und so die Katastrophe heraufbeschwören. Vielleicht muss man einfach seinen negativen Gedanken innerlich kleinreden. Denn letztlich ist es nur der Gedanke, der diesen auch real in Erfüllung gehen lassen kann.

Ich nehme mir vor, das zu beherzigen, wenn ich das nächste mal negative Gedanken verspüre.

Meine Libido ist nach all der Grübelei wieder unter Kontrolle. Die beiden Frauen sind dabei aufzubrechen. Ich überlege mir, dass ich das, worüber ich gerade nachgedacht habe, mal gleich trainieren werde. Ich stelle mir vor, wie ich der braungebrannten Brünetten in die Augen schaue und ihr ein verschmitztes Lächeln zuwerfe, wenn Sie gleich an mir vorbeigeht. Normalerweise wende ich meinen Blick bei so etwas immer sehr schnell ab, aber diesmal will ich ihr einfach weiter in die Augen schauen.

Sofort melden sich meine negativen Gedanken.
„Die lacht dich nur aus du hässlicher Vogel.". „ Das kann nur peinlich werden.". „Ihre Freundin wird dich auf jeden Fall auslachen.". „Auf dein Lächeln wird sie nur angewidert ihr Gesicht verziehen".
Ich wollte meinen Plan schon wieder verwerfen, aber dann dachte ich mir: Scheiß drauf. Ich redete in Gedanken mit mir selbst. Sollen Sie mich doch auslachen! Ich kenne die beiden gar nicht und werde sie danach wahrscheinlich auch nie wiedersehen. Und vielleicht lachen Sie ja eher amüsiert und geschmeichelt, als fies und

niederträchtig. Die beiden kommen mir entgegen und ich werde sehr nervös. Ich versuche ruhig zu bleiben und der großen Frau mit der unglaublichen Figur in die Augen zu sehen. Oh man: Sie hat blaue Augen! Ich Schaue Sie an, sie erwidert meinen Blick. Mein Herz tanzt wie verrückt. Ich wollte schon wegsehen. „Dieses Mal nicht", denke ich mir. Ich halte meinen Blick auf ihre Augen gerichtet. Sie hält auch stand und lächelt mich an als sie an mir vorübergeht. Mir wird klar, dass ich selbst wohl nicht gelächelt habe. Aber das spielt keine Rolle! Ich blicke den beiden noch kurz hinterher, ohne den Eindruck zu vermitteln, die beiden zu begaffen. Meine Amazone mit den blauen Augen dreht sich noch mal kurz zu mir um. Dann stecken die beiden die Köpfe zusammen und lachen. Jetzt grinse ich!

Danach musste ich erstmal runterkommen. Ich war ziemlich nervös. So hübsche Frauen haben sonst nie einen Blick für mich übrig! Stolz wie Oskar laufe ich zurück zur Herberge. In der Nacht hatte ich einen unglaublichen Traum wie ich eine Frau kennenlerne und mich endlich mal wieder verliebe!

Von Genf fahre ich mit dem Zug nach Arles in Frankreich, um von dort aus weiterzugehen.

Nach 4 Std. Zugfahrt bin ich in Arles angekommen. Ich habe mir überlegt, heute nicht mehr zu wandern. Ich schlendere in Arles herum und setze mich mit ein paar Bierchen auf eine Treppe an der Rhone. Arles ist eine sehr schöne Stadt. Kennen sie das Bild von van Gogh „cafe de nuit"? Hier gibt es einige Restaurants, die genau diesen Eindruck vermitteln und das Bild scheint tatsächlich hier entstanden. Alles wirkt ein bisschen verträumt und zu klein geraten. Kleine ruhige Gassen, wohin man geht. Hier an der Rhone ist alles ein bisschen gewaltiger. Hier gleicht der Fluss fast einem See. Der Verlauf wird durch große helle Steinmauern in Form gepresst. An dem Ufer, an dem ich in der Abendsonne sitze und mein Bier trinke, thronen zwei weiße Löwen auf zwei Steinsäulen. Alles wirkt alt und ehrwürdig, Die Rhone ist majestätisch!

Ich schaue auf das Glitzermeer zu meinen Füßen und denke an zu Hause. Fast die Hälfte meiner Strecke liegt hinter mir und es beginnt Spaß zu machen. Ich stelle mir vor, wie ich zu Hause am PC hocke, wegen meiner finanziellen Situation verzweifle und wie meine enttäuschten Eltern mich ansehen. Ich sehe mir selbst ins Gesicht und mir wird klar, dass diese ganze Aktion richtig und notwendig ist.

Ich denke daran, dass alle Menschen, die solche Probleme haben wie ich, glücklich sein könnten, wenn sie etwas wagen würden und etwas verändern. Ich bin nicht geheilt oder so, aber langsam fühle ich, dass ich mich selbst als wertvoller ansehe. Ich habe eine unglaubliche Sympathie entwickelt für alle, die nicht perfekt sind, nicht mit dem Strom schwimmen und einfach anders sind. Das scheint doch viel interessanter zu sein, als alle Gleichschaltung, die einem sonst so oft begegnet. Es ist nicht so, dass ich diese perfekten Leute verachte. Auf keinen Fall. Manchmal wünsche ich mir, ich wäre genauso. Aber ich habe erkannt, dass diese ganze Perfektion nicht annähernd so interessant ist, wie das unperfekte, Unvollkommene. Ich bin so ein Unperfekter und ich beginne mich langsam interessant zu fühlen.

In der Geschichte, vor allem in der Kunst, waren es oft unperfekte oder ungewönliche Personen wie van Gogh, die der Welt außergewöhnliches geschenkt haben.

10 Tag am Meer

Heute bin ich in Montpellier angekommen und habe mich sofort zu den goldenen Sandstränden der Cote d'Azur begeben. Ich will erst einmal einen Tag pausieren. Ich habe mir ein Zelt gekauft, da ich nicht mehr das Risiko eingehen will, im Regen schlafen zu müssen. Wenn ich mich mal entscheide, draußen zu schlafen, will ich zumindest trocken bleiben. Ich habe mein Zelt auf einem Campingplatz wenige Meter vom Strand entfernt aufgeschlagen.

Die letzten Tage des Wanderns waren nicht mehr ganz so interessant. Pilger sind auch hier nicht viele zu finden. Das Essen in Frankreich ist auch nicht so mein Fall, ich stehe mehr auf die spanische Küche. Der Weg ging hauptsächlich durch Wein- und Obstanbaugebiete. Die Herbergen waren aber alle ziemlich gut.

Hier an der Cote d'Azur kann man wunderbar Kraft tanken. Alles hier scheint in ein besonderes Licht gehüllt zu sein. Goldene Lichtblitze funkeln auf dem Wasser. Ich habe stundenlang am Strand gelegen, und Bücher für die Uni durchgearbeitet. Bevor ich losfuhr habe ich mit einem Dozenten gesprochen, der es mir ermöglicht, nachträglich noch einige Leistungen durch mündliche Prüfungen zu erwerben. Dafür bin ich sehr dankbar! Die meisten Leute sind wirklich nett, wenn man sie um Hilfe bittet.

Hier am Strand muss ich an meine Kindheit denken. Wir waren einmal in Antibes im Urlaub. Dieses Licht und diese Atmosphäre hier an der Cote d'Azur sind unverwechselbar. Vielleicht fühle ich mich deshalb so wohl hier. Die Familienurlaube waren als Kind das absolute Highlight des Jahres. Meine Eltern waren selbstständig und hatten deshalb nicht viel Zeit für uns. Aber in den Urlauben waren meine Eltern den ganzen Tag für mich da. Das genoss ich natürlich sehr. Es ist verrückt, aber an diese Urlaube kann ich mich noch ganz deutlich, bis ins Detail, erinnern. Mir ging es verdammt gut. Ich erinnere mich daran, wie ich mit meinem Vater am Strand Fußball gespielt habe, wie ich mich an seinen Rücken gehängt habe und wir so durchs Meer getaucht sind. Ich sehe es, als wäre es gestern gewesen. Ich fühlte mich geborgen.

Aus irgendeinem Grund werde ich plötzlich sehr traurig! Tränen steigen mir in die Augen. Es bricht mir das Herz, dass ich meine Eltern, die damals so stolz auf mich waren, so heftig enttäuscht habe. Ich atme tief durch und wische mir die Tränen aus den Augen. Ich schwöre mir selbst, dass ich meine Eltern nie wieder so enttäuschen werde. Außerdem will ich nicht mehr in die Vergangenheit blicken. Das macht mich nur wütend und traurig.

Wie oft habe ich mir schon gewünscht die Zeit zurückdrehen zu können und all die Dinge ändern zu können, die ich meiner Einsicht nach falsch gemacht habe. Aber ist das wirklich so wünschenswert? Immerhin bin ich doch hier gelandet, weil ich zwanghaft versucht habe, alles perfekt zu machen und daran gescheitert bin. Ich bin jetzt 30 Jahre alt. 10 Jahre meines Lebens habe ich verpasst; das ist wahr, aber während der Zeit davor war ich glücklich. Ich habe noch genug Zeit, um wieder glücklich zu werden! Es wird Zeit die richtigen Lehren aus meinen Fehlern zu ziehen und mich danach zu richten. Ich werde mich nicht mehr selbst bemitleiden und im Unglücklich-Sein verharren. Nein, ich werde mein Leben ändern.

Die Sonne ist nun dabei am Horizont ins Meer hinab zu tauchen. Ein funkelndes Lichtermeer liegt ausgebreitet vor mir. Ich atme die Melancholie weg, stehe auf und mache mich auf den Weg zum Zeltplatz.

11 Großstadtwirren

Die letzten Wandertage vergingen, wie im Flug. 30 km am Tag zu gehen, ist mir langsam zur Gewohnheit geworden. Ich bin nun in Toulouse. Obwohl mein Körper sich an die körperlichen Anstrengungen des Pilgerns gewöhnt hat, geht es mir gar nicht gut. Dieser Trubel der Großstadt und das lebendige Treiben, bin ich gar nicht mehr gewohnt.

Ich spüre wie die Angst mich wieder einmal überwältigt. Ich laufe durch die Straßen der Stadt und habe das Gefühl, dass mir hier jeder etwas Böses will. Alles scheint verschwommen und ich fange an zu hyperventilieren. Ich ziehe mich in ein Restaurant zurück, in dem sonst nur zwei Gäste sitzen. Es ist schon 18 Uhr und ich muss mir noch eine Unterkunft suchen. Ich bestelle mir etwas zu essen und wollte mir einen Whiskey trinken, entschied mich aber schnell für einen Rotwein, wohlwissend, dass ich nur versuche meine Angst zu betäuben. Allerdings trinke ich weitere drei Gläser Rotwein. Als ich das Restaurant verlasse, wird es bereits dunkel. Ich suche die erste Herberge auf, um zu erfahren, dass irgendein religiöses Fest sei und alle Plätze bereits vergeben sind. Die gestresst wirkende Frau an der Tür schickt mich zu einer anderen Herberge. Auch hier kein Platz. Resigniert setze ich mich auf die Straße. Ich kann einfach nicht auf der Straße schlafen und ich bin müde.

Ich begebe mich wieder auf den Camino und schlendere durch Toulouse. Mittlerweile ist es dunkel und die Stadt lebt immer noch. Die Restaurants sind alle gefüllt und irgendwie hat man den Eindruck, die Stadt sei noch einmal zu neuem Leben erwacht.

Ich gehe weiter und weiter. Die Angst ist wieder da. Ich treffe auf betrunkene Gruppen und feiernde Menschen. Ich fühle mich verdammt unwohl. Ich bin total fertig. Ich wünschte ich wäre zu Hause. Langsam tut mir alles weh und eine Unterkunft habe ich immer noch nicht gefunden. Es ist nun schon 1 Uhr nachts. Ich kann nicht mehr gehen. Ich setze mich an einen Fluss auf eine Bank und überlege, ob ich hier schlafen soll.

Unentschlossen krame ich eine Karte heraus, und gucke nach, wo ich mich befinde. Es sind noch 5 km ehe ich die Stadtgrenze erreiche. Verdammt. Ich will nur noch weg hier. Zurück in die ruhige, verlassene Natur, die ich zu schätzen gelernt habe. Ich nehme plötzlich Bewegungen um mich herum wahr. Mein Herz schlägt im Galopp. Ich versuche zu erkennen woher die Bewegung kam und muss feststellen, dass überall verteilt in größeren Abständen, Menschen in Schlafsäcke gehüllt liegen und sich ab und zu bewegen. Ich bekomme ein mulmiges Gefühl. Diese armen Kerle. Das müssen Obdachlose sein. Ich entscheide mich dagegen, zwischen den Leuten hier zu nächtigen und versuche widerwillig mein Glück mit den nächsten 5 km Wegstrecke. Ich gehe und gehe. Die Angst hat, während ich gehe, viel weniger Macht über mich, wie ich bemerke. Als das Treiben abnimmt und der Stadtrand bereits in Sichtweite ist, sehe ich ein PUB, auf der rechten Straßenseite.

Ohne zu überlegen betrete ich den Laden und bestelle mir ein großes Bier. Ich sitze an einem Tisch in der Ecke und will meine Ruhe haben. Es ist nicht mehr viel los. Zwei kleine Gruppen, wahrscheinlich Studenten, sitzen noch an Tischen und reden ausgelassen miteinander. Der Rest der Gäste ist in einem anderen Raum, wo man tanzen kann. Ich mag diese urigen, düsteren Kneipen nach irischer Art! Es ist 3 Uhr und ich bin erleichtert, dass ich gleich endlich aus der Stadt heraus bin.

Die Angst davor, auf der Straße schlafen zu müssen, hat mich ziemlich mitgenommen und wieder einmal bin ich vor meiner Angst davon gelaufen, aber ist das in so einer Situation nicht auch irgendwie normal, frage ich mich, während ich mir mein Bier schmecken lasse. Ich denke mir, dass niemand gerne in einer Großstadt ganz alleine eine Nacht auf der Straße schläft. Ich denke an die armen Obdachlosen im Park. Wie furchtbar muss das sein? Ich stürze mein Bier runter und will wieder verschwinden, da kommt ein farbiger junger Mann an meinen Tisch und fragt mich in sehr schlechtem Englisch, was der Rucksack soll und was ich hier wolle. Ich erkläre ihm meine Lage, so gut es geht. Als ich aufbrechen will, sagt er dass er mitkommen wolle, da er in dieselbe Richtung müsse wie ich. „OK, fine" sage ich ihm! Wir gehen durch die Straßen und er sagt mir, dass er woanders herkomme. Er müsse aber bis zum Morgengrauen auf seinen Zug warten. Als wir den Bahnhof am Rande der Stadt erreichen, gibt er mir seinen Rucksack und fragt mich, ob ich kurz darauf aufpassen könnte. „Sure", erwiderte ich ihm. Er ging zur Toilette! Wenig später kam er wieder heraus. Vor dem Toilettenhaus standen zwei ältere ziemlich betrunkene Herren. Die drei wechselten einige Worte und dann verscheuchten die beiden meinen neuen farbigen Freund. Ich kann kein Französisch, aber das, was Sie dem Jungen nachriefen, schien nicht sehr nett zu sein. Schnellen Schrittes kam er auf mich zu und ich fragte ihn, was los sei. Ziemlich aufgebracht, antwortete er, das nichts vorgefallen sei. Die zwei vor dem Toilettenhäuschen kamen plötzlich auf uns zu. Der Junge wich ein paar Schritte zurück. Die zwei Männer waren ziemlich stramm und richtig wütend. Sie wollten auf den Jungen zugehen, ich stellte mich dazwischen und fragte, was passiert sei.

Sie erzählten mir, dass der junge Mann die beiden gefragt habe, ob er Ihnen einen blasen dürfe, für 15 Euro! „What?". Oh man! Sie fragten mich, ob ich zu dem Jungen gehören würde und ich sagte, dass ich ihn erst seit einer halben Stunde kenne und nur auf der Durchreise sei. Dann hob einer der beiden seine Bierflasche und wollte auf den Jungen zugehen. Ich hielt ihn davon ab und sagte ihm, dass der Mann noch fast ein Kind sei! Der Junge lief davon und der Mann beruhigte sich. Jetzt lachten die beiden darüber und klopften sich und hin und wieder auch mir gegen die Schulter. Einer der beiden, ein dicker Mann mit kurz-geschorenen Haaren, entschuldigte sich bei mir, dass er dachte, ich sei auch schwul. Er sagte, dass die beiden Muslime und verheiratet seien. Mit seiner Frage habe der junge Mann ihre Ehre beschmutzt. Die beiden machten sich jetzt ausgelassen darüber lustig, was Ihnen da gerade passiert war.

Ich wollte nur weg. Der arme Junge! Ich machte mich ebenfalls mit lustig und verabschiedete mich. Ich konnte ihr Gelächter noch 300 m weiter vernehmen. Langsam beruhigte ich mich, denn das hätte auch anders ausgehen können. Die Beruhigung schlug schnell in Wut und Trauer um. Wut über mich selbst und diese beiden Typen. Das, was dem jungen Mann gerade passiert ist, ist genau das gewesen, wovor ich immer Angst hatte. Der Mann wurde erniedrigt, und zwar auf ziemlich hässliche Art und Weise.

Ich müsste doch genau wissen, wie schlimm das ist. Ich hätte mich stark machen sollen für den Mann, aber ich habe nichts gesagt und habe mich auch lustig gemacht. Die Angst hat mich besiegt! Der arme Mann scheint einige Probleme zu haben, auf diese Weise auf fremde Männer zuzugehen und das mit einer Selbstverständlichkeit, die kaum zu fassen ist. Er war nach meiner Einschätzung vielleicht gerade 20 oder 21 Jahre alt.

Ich schämte mich unsäglich für das, was da gerade passiert war. Langsam wurde es wieder hell. Ich war total erledigt und fühlte mich mies.

Das war auch ein Punkt meiner Angstliste, der mich nun wie ein unerwarteter Faustschlag ins Gesicht traf. Eine meiner Ängste war es, dass andere mich für nicht männlich genug befinden oder, weil ich lange keine Freundin hatte, sogar für schwul halten. Wenn man Angst vor etwas hat wie ich, dann erwartet man von sich und anderen ein Handeln, das niemanden in die Gefahr bringen kann, sich so erniedrigt zu fühlen, wie man es sich selbst so oft ausmalt. Man hat unglaublich hohe moralische Ansprüche an die Menschen. Wenn nicht gerade etwas Außergewöhnliches geschieht, ist dieses Ideal auch nicht gerade schwer einzuhalten. In dieser Situation aber, in der es wirklich mal darauf an kam, habe ich dieses Ideal verraten, dass ich anderen Menschen wie eine Selbstverständlichkeit abverlange. Ich schäme mich sehr dafür!

Vielleicht ist es an der Zeit meine moralischen Ansprüche anderen gegenüber etwas zu lockern, denn wie kann ich von jemandem etwas verlangen, was ich selbst nicht einhalten kann? Außerdem sollte ich keinen Wert auf die Urteile anderer legen, schon gar nicht in Angelegenheiten, die nur ich bewerten kann. Was ein trister Tag! Das Wetter passt zu dieser Einschätzung. Es ist grau und neblig! Ich überlege wieder einmal meine Reise zu beenden und zu kapitulieren.

Erstmal schlafen! Dann sehe ich weiter!

Ich traf um 10 Uhr in L'Isle Jourdain ein und finde endlich eine Herberge! Ich rede kurze mit der Herbergsverwalterin, die verwundert über mein Eintreffen um diese Tageszeit ist. Ich lege ihr kurz dar, warum ich so früh da bin. Sie scheint zu verstehen, dass ich keine Lust habe mich zu unterhalten, und lässt mich in Ruhe.

Ich falle in mein Bett und schlafe sofort ein. Gegen 18 Uhr abends wache ich auf. Zwei Pilgerrinnen aus Kanada sind ebenfalls eingetroffen. Wir essen zu dritt zu Abend und unterhalten uns über den bisherigen Weg und unsere Erfahrungen. Die beiden Zaubern ein super Essen auf den Teller. Das Essen, in der Kombination mit viel Wein, lässt mich meinen gestrigen Katastrophentag schnell vergessen. Sie sagen mir, dass sie gerne wandern und sich unbedingt mal Europa ansehen wollten, deshalb seien sie hier. Ich frage mich kurz, ob die beiden ein Paar sind, traue mich aber nicht danach zu fragen. Wir reden bis in die Nacht hinein und gehen selig schlafen.

Zwei wahre Engel. Am nächsten Tag werde ich erst um 11.30 Uhr wach und die beiden Kanadierinnen sind bereits verschwunden. Doch Sie haben mir noch etwas zurückgelassen: Ein großzügig belegtes Baguette, mit Käse, Schinken, Salat, Paprika und Tomate und einen Zettel auf dem stand: Bon Voyage!

12 Gott und die Welt

Ich bin nun mitten in den Pyrenäen, aber noch auf französischem Boden. Gerade ist alles so wunderbar perfekt. Die beiden Kanadierinnen habe ich leider nicht mehr wiedergetroffen. Dafür eine ganze Reihe anderer Pilger und Pilgerinnen. Es tut gut, wenn man abends in der Herberge nicht alleine ist. Auch wenn ich mich bei den Gesprächsrunden meisten etwas zurückhalte, tut es durchaus gut in Gesellschaft zu sein.

Hier in den Pyrenäen fühlt man sich wie in einem Märchen! Es geht bergauf, so viel ist mal sicher. Heute bin ich durch einen Wald gelaufen und immer bergauf. Als sich der Wald lichtete, kam man zu einem Ort, an dem man einen wundervollen Blick auf die Pyrenäen genießen konnte. Dort habe ich mich erst einmal niedergelassen. Das war so traumhaft schön. Die Sonne schien, aber es war nicht zu warm. Außer dem Gezwitscher einiger Vögel waren da nur Berge und Wälder. Am liebsten wäre ich dort erst mal ein paar Tage geblieben.

Ein Ort von perfekter Harmonie. Hier in den Pyrenäen gibt es vieler solcher Orte. Für den Moment, in dem ich dort an dieser Stelle saß, hatte ich meinen Frieden gefunden. Komplette Harmonie. Unwillkürlich musste ich an Gott denken. Ich will jetzt hier keine Lanze brechen und sagen ich wäre erleuchtet worden oder so. Das geht eindeutig zu weit. Aber diese Harmonie, ließ mich an ein Ereignis zurückdenken.

Ich hatte mal ein Erlebnis in der Vergangenheit. Ich erzähle nicht oft und nur ungerne davon. Ich war 17 Jahre damals. Wir haben unsere Zeit mit Trinken und Kiffen verbracht. Viel mehr gab es bei uns auf dem Dorf nicht zu tun. Eines Abends trafen wir uns mal wieder auf dem Grundschulhof. Das war unser Treffpunkt. Wir tranken Bier, Vodka, Whiskey und rauchten einige Tüten Gras. Irgendwann war alles leer, da holte ein Kumpel noch eine Flasche Absinth. Das Zeug schmeckte gut, obwohl es so hochprozentig war. Ich haute ordentlich rein. Danach weiß ich nicht mehr viel. Ich hatte Probleme nach Hause zu kommen. Obwohl ich mich auskannte, wusste ich nicht, wohin ich gehen musste. Auf dem Weg nach Hause kam ich am Spielplatz vorbei. Dort legte ich mich auf die Wippe, die aus drei Baumstämmen bestand, die längs miteinander befestigt waren.

Ich wurde müde und schien zu schlafen. Dann konnte ich mich plötzlich da liegen sehen und langsam entfernte ich mich von meinem Körper. Es fühlte sich so verdammt gut an. Ich entfernte mich immer weiter. Irgendwann sah ich meine Freunde, von oben herab, wie Sie versuchten mich wach zu rütteln, aber keine Chance. Ich gleitete ganz langsam vor Ihnen davon. Einer meiner Freunde bekam etwas Panik, dass ich nicht aufwachte, die anderen beiden waren amüsiert. Ich sah das weiter von oben an und verabschiedete mich. Ich konnte hören wie sie lauter riefen und sehen wie sie an mir rüttelten. Fühlen konnte ich jedoch nichts. Irgendwann sagte etwas in mir „Jetzt noch nicht" und viel schneller als ich von meinem Körper weg gegleitet bin, gleitete ich nun wieder auf die Szenerie zu, direkt auf meinen Körper zu. Irgendetwas fühlte sich plötzlich komisch an und bäm, krachte ich auf den Boden. Meine Freunde hatten so fest an mir geschüttelt, dass ich von der Wippe kippte. Der Freund, der Panik bekam, schien erleichtert. Er sagte mir später, dass er dachte ich würde nicht mehr atmen.

Als ich da saß und auf die Pyrenäen blickte, die sich vor mir erstreckten, musste ich an dieses Ereignis denken. Nach dieser Erfahrung ließ ich es damals ruhiger angehen und ich dachte auch nicht oft darüber nach, was mir da passiert ist. Vielleicht hat mir mein Verstand auch nur ein etwas vorgespielt, sei es drum. Dieses Gefühl war der Hammer! Man konnte loslassen, alle Gefühle waren plötzlich weg, da war nur noch man selbst. Wenn es sich so anfühlt zu sterben, braucht man davor keine Angst zu haben.

Ich teile dem Leser so einiges ziemlich persönliches mit, was nicht so leicht zu glauben ist, und ich schwöre, dass alles wahr ist. Wie gesagt: Ich behaupte nicht, dass das ein Nahtoderlebnis oder so etwas Ähnliches war, aber es hat sich zumindest so angefühlt!

Ich kann mir „Gott" nicht vorstellen. Das gebe ich gerne zu! Deswegen kann ich auch nicht mit aller Konsequenz glauben. Aber irgendwie habe ich das Gefühl, dass da etwas existiert, was über unseren Verstand hinausgeht, aber nicht über unsere Gefühle. Etwas das man spüren kann, wenn man mit sich und allem anderen im reinen ist. Vielleicht kann man es eine Weltenseele nennen. Ich weiß es nicht. Leider habe ich diese Weltenseele seit dem Delirium damals nicht mehr wahrgenommen oder nur in abgeschwächter Form. Es ist das Gefühl Teil von etwas Ganzen zu sein! Gerade fühle ich mich so, ein Teil von einem Ganzen zu sein. Und das ohne Halluzinogene! Das ist das einzige, woran ich glauben kann! Weil ich es hin und wieder auch so wahrnehmen kann!

Mit den großen Religionen kann ich nicht viel anfangen. Die sind mir leider zu weltfremd. Ich kann verstehen, dass Menschen daran glauben und ich respektiere das auch, aber ich kann nur an das glauben, was ich für mich nachvollziehen kann. Wie ist diese Weltenseele genau? Keine Ahnung! Was steckt dahinter? Keine Ahnung! Manchmal muss man etwas nicht verstehen, um zu wissen, dass es existiert. Die Leser werden nun vielleicht sagen: Oh man jetzt fängt er auch noch mit Gott an. Das ist auch etwas zu viel des Guten, ich weiß. Aber, wenn man den Jakobsweg läuft, zu dem Grabmal eines katholischen Heiligen, kommt man nicht darum herum, sich auch mal Gedanken über seinen eigenen Glauben zu machen.

Hier wird man immer und überall damit konfrontiert. Ich bin wie gesagt nicht religiös und ich kann auch nicht eine Macht anbeten, von der ich nicht weiß, ob sie existiert. Beten generell finde ich etwas seltsam. Warum soll ich nicht einfach versuchen mit der Welt im Einklang zu leben? Das ist mein Gebet! Ich habe dieses Gebet verlernt! Aber ich weiß, dass das für mich persönlich, die einzige Art und Weise ist, in der ich beten kann. Heute habe ich gebetet!

Aber jetzt verschone ich euch auch damit! Geht in die Pyrenäen oder dahin, wo ihr euch wohl fühlt! Nehmt euch Zeit und sitzt nur so da! Mir hat es geholfen, etwas wiederzuentdecken, das ich verloren glaubte!

13 Hippie-Leben

Ich bin zwar immer noch in den Pyrenäen, aber ich habe etwas Erwähnenswertes erlebt. Deshalb schreibe ich schon wieder. Ich nähere mich dem Col-Du-Somport, einem Gebirgspass, hinter dem die spanische Grenze liegt. Die Natur hier ist immer noch atemberaubend! Heute musste ich allerdings ein paar Kilometer auf geteerter Straße laufen. Während ich so dahinziehe, sehe ich eine Ziege rechts vor einem Gebäude angebunden. Die Ziege ist grün gefärbt. Ich bin etwas verblüfft und gehe weiter. Da kommt plötzlich jemand aus dem alten Steinhaus, an dem die Ziege angebunden ist, und ruft mir nach. Erst auf Französisch, was ich nicht gut verstehe, dann auf Englisch:

„Come on! You want a coffee!". Ich denke mir, ein Kaffee wäre fein! „Of course! A coffey is always good!".

Wir geben uns die Hand und stellen uns vor. Der Typ, der mich herbei gewunken hat, heißt Pedro. Er ist Spanier. Wir betreten das Steingebäude und gehen in einen großen Raum.

„Was genau ist das hier?", frage ich mich. Das Gebäude gleicht einer Ruine. An einer Theke sitzt ein ergrauter Mann mit Dreadlocks und eine Frau mit angegrautem Haar, die etwa in dem gleichen Alter zu sein schien. Die beiden scheinen sich zu amüsieren und begrüßen mich ganz herzlich. Pedro steht hinter der Theke und setzt einen Kaffee auf. Ich schaue mich um und bemerke, dass das Gebäude hier ein alter Bahnhof ist. Aus einer Anlage in der Ecke kommen sanfte Bob Marley Klänge zu uns rüber. Dort sitzt ein Haariges Etwas mit nacktem Oberkörper vor einem alten PC-Monitor mit einer riesigen Tüte Gras im Mund und Kopfhörern über den Haarbüscheln. Er scheint außer den Klängen aus seinen Kopfhörern nicht viel mitzubekommen, da sich um ihn herum an die Zehntausend Fliegen scharen und ihn das kein bisschen zu stören scheint. Das ist ungelogen. Der Mann war Teil eines schwarzen Fliegenteppichs. Vielleicht waren die Fliegen auch alle dicht und konnten sich deshalb nicht mehr fortbewegen. Überall standen Sprüche an der Wand und alles sah ziemlich chaotisch, aber doch irgendwie sympathisch aus. Ich habe mir die Namen des Paares nicht gemerkt, das mit mir an der Theke saß. Der Mann fragt mich

„You wanna smoke?" und zeigt mir einen kleinen braunen Klumpen Peace. Ich überlegte kurz, ob ich danach noch weiterziehen kann, oder zu fertig bin. „Ein bisschen geht schon", sage ich zu mir selbst. Immerhin bin ich gerade in etwas ziemlich interessantes hinein geraten.

„Why not!" antworte ich und der Mann dreht eine kleine Tüte. Die Frau lacht und tanzt auf ihrem Barhocker herum. Auch, wenn das alles hier ziemlich schäbig ist, was hier abgeht, so find ich es doch sehr cool.

Ich war in meiner Jugend immer ein kleiner Revolutzer. Ich meine, wenn man sich die Welt genau anschaut, gibt es so viel wogegen man protestieren kann. Ich frage, was genau das hier sei. Der Mann bestätigt mich in meiner Annahme, dass dies hier ein alter Bahnhof sei. Diese Gruppe hängt in den Sommer und Herbstmonaten sehr oft hier ab. Fern von der Zivilisation. Jeder sei herzlich willkommen.

„And you.. If you wanna stay, stay here! For a day, a week or forever. Do what you like! You are welcome!", sagt er zu mir und drückt mir die Tüte in die Hand.

Ich ziehe kräftig daran und halte die Luft an! Die Frau lacht schon wieder und quasselt mit dem Mann. Ich ziehe noch mal fester und bekomme einen Hustenanfall und die drei lachen sich weg. Ich habe schon ewig nicht mehr gekifft. Wenn man den scheiß nicht rauchen müsste, würd ich das öfter machen. Aber das Rauchen find ich unangenehm. Die Wirkung lässt nicht lange auf sich warten.

Pedro gibt mir eine Tasse Kaffee und fragt mich, warum ich hier herumlaufe. Ich erzähle ihm, dass ich auf Pilgerfahrt sei, aus persönlichen Gründen. Er sagt mir, dass er das gut finde. Die Leute hier sind wie ich, auch Sie finden jeden gut, der auf irgendeine Weise aus der Gesellschaft ausbricht. Ich schaue mich ein wenig um! Aus den Boxen höre ich die bekannte Stimme von Bob Dylan. „The timest hey are a changing"! Das ist doch wohl nicht wahr? Eigentlich ist es ja wirklich nichts Ungewöhnliches dieses Lied bei diesen Leuten zu hören, aber es passt mal wieder wie die Faust aufs Auge! Das haarige etwas, der Herr der Fliegen, hat sich nach meiner Einschätzung keinen Millimeter bewegt, immer noch mit einer Tüte zwischen den Lippen. Ich gehe wieder zur Theke und frage, ob die vier das ganze Jahr über hier leben. Der ältere Mann sagt, dass einige von ihnen hier leben und in der Nähe arbeiten. Andere kommen ab und zu mal und zurzeit kämen immer mal wieder Leute, die sich Ihrer Sache anschließen. Ich frage, was das für eine Sache sei. Er sagt, dass sie Aktivisten seien, gegen den Kapitalismus, gegen Ausbeutung an der Natur. Sie hätten auch schon mehrere Aktionen durchgeführt. Straßensperren und so etwas.

Mir kommt das hier eher wie eine kleine Hippie-Kommune vor, aber sei es drum. Ich sage ihm, dass ich es gut finde, dass es Leute gäbe, die sich engagieren und sich für die gute Sache einsetzen. Pedro sagt, dass ich ihn an jemanden erinnere. Die drei reden miteinander. Dann sind sie sich einig. Ich sehe aus wie Guy Fawkes. Natürlich, unrasiert, mit langen Haaren und mit meinem Oberlippen Bärtchen und Goatie, könnte ich dem ähnlich sehen. Ich muss lachen! Ich bedanke mich für alles und sage, dass ich weiterziehen wolle.

„Really? Stay for a while man. Today a lot of people will come for party!", versucht mich der alte Mann zu überreden. Ich danke ihm für das Angebot und lehne ab, da ich durch mein begrenztes Zeitfenster etwas getrieben sei. Ich sage ihm aber, dass ich vielleicht mal wiederkommen werde und dass es mir hier gefalle. Er grinst und schüttelt meine Hand, die Frau umarmt mich grinsend und gibt mir einen Kuss auf die Wange. Pedro sagt, ich solle mitkommen, da er mir etwas zeigen wolle. Ich folge ihm zu einem Tisch auf dem massig Zeug herumliegt. Er kramt ein dickes, großes Buch hervor. Und schlägt es etwa in der Mitte auf. „You can write something in here if you want to." Ich schreibe auf Deutsch, dass ich es großartig finde, dass so etwas wie diese Gemeinschaft noch existiert und dass Sie nie aufhören sollen sich zu engagieren.

Dann führt er mich in den Garten, statt zurück auf die Straße. Man, hier gehen bestimmt verrückte Partys ab! Er führt mich weiter zum Fluss. Alles sieht hier nach Spaß aus. Er sagt mir, dass ich hier am Fluss entlang gehen solle. Das sei viel besser, als der Weg über die geteerte Straße. Ich bedanke mich, schüttele seine Hand und verabschiede mich.

„Maybe i will come back! It seems to be a paradise here!", rufe ich noch einmal zurück. Er winkt und ruft mir hinterher:

"Talk to the women who live in the forest".

Was? Ich war ziemlich dicht und so war das Wandern entlang des Flusses nicht mehr ganz so einfach. Plötzlich stieß ich auf die Grundmauern von kleinen Hütten und zwei Meter von mir entfernt lagen zwei Jugendliche in Schlafsäcke gehüllt und schliefen seelenruhig. Ich versuchte leise zu sein und Sie nicht zu wecken. Kurz darauf führte der Weg über einen kleinen Pfad in Richtung Wald. Dort im Wald standen drei selbst zusammen geschusterte Wohnungen. Hier lebt also eine Frau. Jetzt verstehe ich. Ich sehe mir die zeltähnlichen Hütten an und irgendwie beschleicht mich das ungute Gefühl die Privatsphäre von jemandem zu stören. Ich sage mehrere Male „Hello?", „Hello?". Keine Antwort… Das reicht, ich gehe weiter.

Als ich wieder auf die Hauptstraße gelange, setze ich mich erstmal hin. Ich hätte vielleicht doch nicht kiffen sollen. Ich muss plötzlich lachen. Vielleicht kehre ich wirklich eines Tages hierher zurück. Diese Hippies scheinen ein schönes Leben zu führen und das ist allemal besser, als sich Schlaftabletten rein zu pfeifen und aufs offene Meer raus zu paddeln. Hier würde ich bestimmt auch nie auf die Idee kommen zu zocken. Da bin ich mir sicher!

14 Wildnis

Ich bin nun mittlerweile in Zarautz und habe mein Zelt in einem Surfcamp aufgeschlagen. Die letzten Tage bin ich vom Jakobsweg abgewichen. Nachdem ich meine Hippie-Freunde, verlassen habe, übernachtete ich in Accous und habe den Tag darauf den Col du Somport erklommen. Der Gebirgspass befindet sich auf einer Höhe von 1640m. Die Landschaft, vor allem der Ausblick, an einigen Wegabschnitten war überwältigend.

Dann bin ich nach Canfranc gegangen. Nach zweieinhalb Monaten des Wanderns durch drei verschiedene Länder, hatte ich endlich mein Zielland, Spanien, erreicht. Das fühlte sich super an, zumal es nur bergab ging. Ich setzte mich in Canfranc in ein Restaurant und dinnierte wie ein König, ein fetter König. Das Essen in Spanien ist der absolute Hammer. Normalerweise bin ich Fan italienischer Küche, aber das hier ist mindestens genauso gut.

Ich trank zwei, drei Bier und überlegte wie es nun weitergehen solle. Ich hatte noch etwas mehr als einen Monat Zeit für die letzte des Weges. Es gab nun zwei Alternativen: Entweder konnte ich versuchen mit öffentlichen Verkehrsmitteln nach San Sebastian zu gelangen, wo der letzte Abschnitt des Jakobs-Weg, den ich noch laufen will, einsetzt. Oder aber ich wandere das Stück auch noch durch die Pyrenäen, was ca. 7 Tage in Anspruch nehmen wird.

Ich entschloss mich noch weiter durch die Pyrenäen zu wandern. Ich mochte die Gegend einfach. Die Pyrenäen sind ein magischer Ort (ich weiß: Ich wiederhole mich). Ich kaufte mir eine Karte und nächtigte noch einmal ganz dekadent in einem Hotel. Die Orte in den Pyrenäen liegen teilweise weit auseinander und Pilgerherbergen gibt es dort nicht, so dass ich mich darauf einstellte, auch wieder mal wild campen zu müssen. Ich ging morgens, wie so oft bei strahlenden Sonnenschein, los.

Was folgte, werde ich niemals vergessen. Diese Woche wird für den Leser eher langweilig sein, weil nicht wirklich viel passierte. Für mich war es dennoch eine super Zeit. Bis ich Roncesvalles, eine weitere Zweigstelle des Jakobs-Weges, erreichte, wanderte ich durch die Wildnis und campte jede Nacht. In Rancesvalles war ziemlich viel Betrieb. Ich nahm ein Bett in der Herberge. Das war nach dieser ganzen Ruhe der letzten Tage, viel zu viel Action für mich. Ich konnte nicht gut schlafen aufgrund der Geräuschkulisse im Schlafsaal. Am nächsten Tag frühstückte ich ausgiebig, deckte mich mit Proviant ein und marschierte wieder Richtung Wildnis, während die übrigen Pilger Richtung Pamplona zogen.

Es war eine Erleichterung der Hektik zu entkommen. Die Wildnis machte mich wieder glücklich. Ich ging vorbei an Flüssen, überquerte Flüsse, ich kam an wundervollen Bergseen und kleinen malerischen Dörfern vorbei, immer Richtung Osten. Ich fischte in den klaren Gewässern der Flüsse und sorgte damit für ein üppiges Abendessen. Ich schlief in der Zeit nur unter freiem Himmel oder im Zelt. Es ist schwer zu beschreiben, aber in den Tagen, habe ich nicht groß nachgedacht, keine Angst oder Zweifel verspürt. Es ist auch nichts super Interessantes passiert, aber dennoch war ich glücklich. Mein Tagesablauf bestand nur darin zu wandern, Nahrung zu beschaffen, mich auszuruhen und einen Schlafplatz herzurichten. Wahrscheinlich roch ich nicht mehr allzu gut und sah etwas zerzaust aus, aber das interessierte da draußen niemanden. Es war pures Glück, herbeigeführt durch die Beschränkung auf das Wesentlichste.

Was mir allerdings irgendwann ziemlich fehlte, war Gesellschaft. Da draußen traf man außer ein paar Tieren auf ziemlich wenige Lebewesen. Darum war ich, trotz einer angenehmen Reise durch die Natur, froh, als ich vorgestern in Zarautz, einem Ort am Atlantik ankam. Der Anblick des Ozeans wirkte wie Balsam für meine Seele. Zarautz ist ein bekannter Surfspot und ich bekam Lust, einige Tage hier zu bleiben. Ich war bereits in der Vergangenheit schon einmal Surfen. Ich habe 14 Tage einen Kurs mitgemacht. Ich bin nicht gut. Aber ab und zu schaffte ich es stehenzubleiben und mich bis zum Strand gleiten zu lassen. Ich nahm mir einen Zeltplatz in einem Surfcamp. Ich mietete mir ein Malibu, das sind Boards, die für Anfänger ganz gut geeignet sind. Es gilt die Regel: Je länger das Board, desto leichter ist es eine Welle zu erwischen. Nur Longboards sind noch etwas länger. Auf Anraten der netten Dame am Empfang, nahm ich auch noch einen Wetsuit dazu, da das Wasser wohl nicht so warm sei, wie es die Außentemperatur vermuten ließe. Voll ausgerüstet marschierte ich zum Strand, der nur einige hundert Meter entfernt lag. Der Hammer. Mein Trip wurde immer besser. Ich blieb am Strand kurz stehen, um mir alles anzuschauen. Da war eine große Gruppe, eine Surfklasse, im Wasser. Auch, wenn viele es nicht hinkriegen, alle haben Spaß. Vielleicht der beste Sport der Welt.

Ich hätte auch ein wenig Unterricht nötig, dachte ich mir. Aber was solls! Hauptsache ins Wasser. Ich paddelte raus aufs Meer. Ich bin seit drei Jahren nicht mehr gesurft, aber meine Lehrer damals haben gute Arbeit geleistet, denn den Bewegungsablauf, wie man, auf dem Board aufsteht hatte ich ziemlich schnell wieder drauf. Ich versuchte es und versuchte es. Ich hatte meinen Spaß, auch wenn ich jedes Mal vom Board gerissen und durch gespült wurde. Ich kam öfter mal zum Stehen, aber verlor danach sofort die Balance und landete immer wieder im Wasser. Ich hatte Platz, denn außer der Surfklasse, die weiter entfernt ihr bestes versuchte, war niemand im Wasser. Langsam wurde ich müde. Ich lag auf meinem Board, genoss das auf und ab der Wellen und wurde ruhiger. Irgendwann drehte ich mich um und da war eine Welle im Anmarsch, die genau meinen Fähigkeiten entsprach. Nicht zu groß und eine perfekte Linie. Ich paddelte und spürte, dass mein Board die Geschwindigkeit der Welle aufnahm. Ich hob meinen Oberkörper und drückte die Arme durch. Ich konnte die Stabilität fühlen und stand langsam, aber doch schnell genug, auf. Endlich... Ich drehte mich mit dem Board in einem 45 Grad Winkel hin zu der Richtung, in die die Welle brach. Und so wurde ich soweit getragen, bis ich spürte, dass die Finne meines Boards den Sand streifte. Voller Glückshormone fiel ich in das seichte Wasser. Ich weiß nicht, ob ich gewooht habe oder jemand anderes. Aber irgendwie hatte ich das Gefühl, ein Woohen vernommen zu haben.

Das reichte mir dann auch. Ich ging zurück zum Camp. Ich könnte jetzt wieder etwas in dieses Erlebnis hineininterpretieren. Zum Beispiel, dass man loslassen muss, um erfolgreich zu sein. Aber ich lasse es sein. Beim Surfen wird man gezwungen loszulassen, denn du musst dich von der Welle tragen lassen und dein Handlungsspielraum dabei ist begrenzt. Wer also mal lernen möchte loszulassen, der soll einen Surfkurs mit machen. Im Camp ist jetzt ziemlich viel los. Hier sind viele junge Leute, die Urlaub machen. Ich bestelle mir ein Bier und komme mit ein paar Leuten ins Gespräch, die mich fragen, ob ich gerade angekommen sei und ausnahmslos alle stellen sich vor. Ich erzähle Ihnen kurz von meiner Reise und dass ich nur zwei Tage bleibe. Alles verdammt nette Leute! Während sich langsam kleine Grüppchen bilden, bleibe ich allein zurück. Kurz kommt in mir die Angst auf, nicht dazu zu gehören, aber ich sage mir, dass das auch nicht nötig sei.

Dann setzt sich eine blonde Frau mit strahlend blauen Augen neben mich und fragt mich auf „Alles klar? Ich bin Heike" und streckt mir Ihre Hand entgegen. Ein Surfergirl! Wir trinken Bier, rauchen und unterhalten uns ein wenig. Heike ist 32 Jahre alt und Journalistin. Sie geht ziemlich oft surfen und erzählt mir, wo Sie schon überall war. Auf den Philippinen, in Portugal, Frankreich und auf Bali. Sie gefällt mir auf Anhieb. Sie ist nicht eine dieser Tussen, die sich aufdonnern oder krampfhaft versuchen Teil einer Kultur zu sein, die durch ihre Ungezwungenheit und Wildheit Sexappeal ausstrahlt, wie es die Surfkultur nun einmal tut. Sie ist einfach so! Wenn man die Augen aufhält, wird man bemerken, dass das eine aussterbende Spezies Frau ist. Ein Sexappeal, der nicht gewollt, sondern einfach da ist. Einer der Camp-Verwalter stört uns und fragt, ob wir an dem Barbecue am Abend teilnehmen wollen. Ich sage, dass ich mich lieber nach einem Restaurant umsehen werde, weil ich ein wenig Ruhe brauche. „Hast du etwas dagegen, wenn ich mitkomme?", fragt mich Heike. „Nein, keineswegs! Im Gegenteil!". Nach einer Dusche, die lange überfällig war, treffen wir uns am Eingang des Camps und machen uns auf den Weg. Ich bin etwas nervös, weil ich mir nicht sicher bin, ob wir sowas wie ein Date haben. Wir finden ein kleines Fischrestaurant und entscheiden uns hier zu essen. Der Fisch und der Wein sind köstlich und wir verstehen uns auf Anhieb sehr gut. Als sie mir von ein paar Dingen erzählt, die sie in letzter Zeit runterziehen, entschließe ich mich ebenfalls ehrlich zu sein und erzähle ihr meine Geschichte, ohne dabei detailliert auf mein verkorkstes Liebesleben einzugehen. Langsam beginne ich Sie heiß zu finden und ich habe lange keinen so schönen Abend mehr gehabt. Irgendwann gehen uns, passend zum Restaurantschluss, die Gesprächsthemen aus. Ich bin geflasht! Die Frau ist sexy, smart, witzig, natürlich und ein kleines bisschen verrückt. Sie hat sich bei mir eingehakt und wir trotten so dahin, ohne viel zu reden.

Dann dreht sie sich zu mir, holt mit ihrer freien Hand etwas aus Ihrem Umhängebeutel, grinst mich breit an, und fragt: „Kleines Schlummertütchen?". Ich grinse zurück, wir gehen zum Strand und lassen uns im Sand nieder. Sie holt, eine fertig gebaute Tüte aus Ihrer Zigarettenschachtel, entzündet sie und inhaliert einen kräftigen Zug. „Du bist ein komischer Kauz", sagt sie lachend und reicht mir den Joint. „Und du eine ziemlich abgefahrene Käuzin", antworte ich und ziehe ebenfalls kräftig. Eine Weile sitzen wir einfach so da, den Joint hin- und herreichend, schmiegen uns näher aneinander, halten unsere Hände und irgendwann liegen wir uns küssend in den Armen! Wir hatten eine denkwürdige Nacht in meinem Zelt; ohne irgendwelche negative Gedanken zu haben, einfach selbstverständlich und schön!

Als ich am nächsten Morgen wach wurde, war Heike verschwunden, aber ich war immer noch glücklich. Am Frühstückstisch setzte sie sich zu mir. Wir aßen zusammen und weil auch Heike, nicht an der Surfklasse teilnahm, gingen wir zusammen los, um surfen. Sie sagte mit ganz offen, dass Sie den letzten Abend sehr genossen hätte. Das machte mich noch glücklicher. Ich erwiderte, dass ich den Abend ebenfalls genossen hätte und witzelte, dass die körperliche Betätigung nach dem Kiffen nicht gut für mich war, worauf sie mir in die Seite boxt.

Wir verbringen den Tag zusammen, essen zusammen und enden wieder am Strand. Ich sagte ihr, dass ich am nächsten Tag wieder abreisen müsse, da ich noch über 600 km vor mir habe. Sie nickt und kuschelt sich an mich. Vielleicht sehen wir uns ja mal wieder. „Ich weiß nicht, du warst schon recht nervig!", blödel ich rum. Sie reißt an meinen Haaren, die viel zu lang sind, wie ich gerade merke. „Ich würde mich freuen, wenn wir uns wiedersehen!" Sage ich ihr, küsse sie ganz flüchtig auf den Mund und wende mich ab! Sieh sieht mich an, zieht mich zu sich und wir küssen uns eine gefühlte Ewigkeit. Sex hatten wir an diesem Abend nicht noch einmal. Wir lagen einfach nur stundenlang da blödelten, blödelten herum und küssten uns.

Heute Morgen nach dem Frühstück, verabschiedete ich mich von allen und ging wieder meiner Wege. Heike begleitete mich noch ein Stück. Dann hieß es Abschied nehmen. Sie gab mir noch einen Umschlag. „Das ist für dich, aber erst heute Abend öffnen, ok?". „Wie du meinst!". Ich umarme sie, blicke runter in ihre hellblauen Augen und tue so als wolle ich sie küssen, um dann meinen Kopf zurückzuziehen. Sie gibt mir eine relativ harte Backpfeife und küsst mich heftig. Dann reißt sie sich los und sagt im Weggehen: „Machs gut komischer Kauz!". Als ich meine Verblüffung abgeschüttelt habe, rufe ich ihr nach: „Auf Wiedersehen Surfergirl!". Ich schaue ihr noch eine Weile hinterher, aber sie dreht sich nicht noch mal zu mir um.

Was war da in den letzten Tagen passiert? Ich konnte es immer noch nicht fassen. Nicht einmal im Traum konnte ich mir vorstellen, so gut mit einer Frau umgehen zu können. Bevor ich losmarschierte, hätte mich jede Frau als langweilig und öde empfunden. Plötzlich kann ich reden, flirten und lande wie selbstverständlich mit einer Frau im Bett. Ich bin elektrisiert und tanze ein paar Meter über den Jakobsweg, der sich von jetzt an entlang der Nordküste Spaniens erstreckt.

Wisst ihr noch: Es ist verrückt wie manche Dinge zu ganz bestimmten Zeit im Leben geschehen. In dem einen Moment denkst du darüber nach auf das offene Meer hinaus zu paddeln, um deinem Leben ein Ende zu setzen, und im nächsten Moment fühlst du dich so lebendig und glücklich wie noch nie zuvor.

Am Abend öffnete ich den Umschlag. Darin war ein Zettel, auf dem stand: „Wenn es das Schicksal will, sehen wir uns wieder!". Unterschrieben mit einem Kussmund. Außerdem lag da noch ein kleines Bündel ihr Haare im Umschlag und ein Tüte Gras. „Surfergirl"! Ich lachte und rauchte die Tüte weg.

15 Nicht mehr allein

Ich liebe es hier an der Küste! Fast jeden Tag auf Weg bekommt man hier den Atlantik zu sehen. In den letzten Tagen ist in mir der Entschluss gereift irgendwann hierher zu ziehen; vorausgesetzt, dass ich dazu die Möglichkeit habe. Das Leben hier ist bestimmt nicht teurer als in Deutschland. Allerdings gibt es nicht viele Jobs, die einem das Leben in einem fremden Land ermöglichen. Mal schauen, wie sich alles entwickelt, wenn ich zurück bin.

Nach langer Zeit, denke ich mal wieder an zu Hause. Ich bin nun zwei Monate unterwegs. Ich habe einige Male mit meinen Eltern telefoniert. Es scheint alles beim alten zu sein. Auch meine Freunde in der Heimat haben mir bei Facebook geschrieben, dass ich bislang nichts verpasst hätte. Ich war in der letzten Zeit so mit mir selbst beschäftigt, dass ich weder Heimweh hatte, noch an zu Hause denken musste.

Das Leben unterwegs ist zur Selbstverständlichkeit geworden und das fühlt sich gut an. Es gibt mal wieder Neuigkeiten. Ich habe eine Gruppe spanischer Pilger kennengelernt. Alles Theologie-Studenten. Ein Mann und drei Frauen.

Carlos und Lucia, die ein Paar sind, Clara und Elena. Ich habe die vier in Bilbao getroffen und mich auf Anhieb super mit Ihnen verstanden. Carlos, Lucia und Clara sind in einem Alter. Alle sind 24 bzw. 25 Jahre alt. Elena ist bereits 29 Jahre alt und hat eine kleine Tochter. Wir waren an dem Abend in Bilbao die einzigen Pilger, die dort nächtigten. Sie fragten mich, ob ich mich ein einem gemeinsamen Essen beteiligen wolle. Ich freute mich über das Angebot. Wir gingen einkaufen und zauberten einige Tapas oder Pinchos. Den Unterschied habe ich nicht verstanden. Eigentlich zauberten die drei Damen das Gericht, Carlos und ich schnippelten nur ein paar Paprika, Tomaten und Zwiebeln. Es war ein Festmahl, das mit ziemlich viel Wein begossen wurde.

Nach dem Essen sprachen wir über viele Dinge. Über das Studium, über den Jakobsweg, wir tauschten bisherige Reiseerlebnisse aus und die vier erzählten mir, dass Sie schon mal den klassischen Weg nach Santiago gegangen seien und dass es Ihnen so gut gefallen habe, dass sie nun noch einmal den Camino del Norte wandern wollen. Genau wie ich genießen sie das Wandern und pausieren entlang der Küste. Als wir irgendwann warm geworden sind, sprechen wir über etwas persönlichere Dinge. Über spirituelle Ereignisse, über Probleme usw. Ich bin ehrlich zu

Ihnen und erzähle, dass der Weg schon eine eigenartige mysteriöse Energie hat und dass er mir bislang sehr gut über meine Probleme hinweg geholfen hat. Ich sagte ihnen, dass ich dennoch nicht an den katholischen Gott glauben könne. Ich erklärte meine Theorie über die Weltenseele. „Dann glaubst du ja in Wahrheit doch!", sagte Carlos (Ich halte die Dialoge mit den dreien auf Deutsch, obwohl wir uns eigentlich auf Englisch unterhielten). Ich entgegnete, dass ich mit der Institution und den Wundern der Kirche nichts anfangen könne und Gott ein falscher Begriff für mich ist. „Das, was du glaubst, nennen wir Gott. Dieser Glaube ist das wesentlichste, alles andere ist von Menschen gemacht.". Diese Antwort von einem Theologiestudenten zu hören, ist durchaus erstaunlich. Die anderen erzählen mir ebenfalls von Erlebnissen, auf dem Weg, die zu den meinen passen. Auch sie erzählen von kleineren Problemen, die sie hatten und wie der Weg ihnen geholfen hat. Elena verlässt während dieses Gesprächs den Raum, um eine Zigarette zu rauchen.

Irgendwie bekomme ich auch Lust eine zu qualmen und folge ihr. Sie sitzt draußen und schaut auf die Straße. Ich gehe zu Ihr und frage nach einer Zigarette. Sie gibt mir eine. Sie hat nicht diese jugendliche Leichtigkeit der anderen drei. Man sieht ihr an, dass ihr etwas zu schaffen macht.

„Du magst es also über deine Probleme zu quatschen und darüber zu philosophieren wie der Weg dir geholfen hat?", fragt sie mich. Das klang sehr provokant. Ich antwortete ihr, dass ich hier auf dem Weg sei, um meine Probleme in den Griff zu bekommen.

„Also bist du davongelaufen?".

„Nicht direkt.".

„Wie denn dann?".

Was nun sollte ich mich provozieren lassen und ihr sagen, dass ich darüber nachdachte, mich umzubringen?

„Auf gewisse Weise bin ich weggelaufen, aber nur um gestärkt zurückzukehren".

„Ziemlich feige oder?".

Was habe ich der Frau denn getan, dass Sie mich so angreift, frage ich mich.

„Du hast Recht, in gewisser Weise bin ich ein Feigling! Und was ist mit dir? Warum bist du hier? Um Urlaub zu machen? Oder weil du leid bist, immer für alle da zu sein?", frage ich etwas gereizt.

Sie gibt mir eine schallernde Backpfeife und verschwindet. Ich bleibe wie betäubt stehen. Nachdem ich meine Zigarette aufgeraucht habe, gehe ich wieder ins Haus. Elena war bereits schlafen gegangen. Rot vor Scham gehe ich zum

Tisch und entschuldige mich für das, was passiert ist, und, dass ich ihre Freundin verjagt habe. Sie erzählen mir, dass das schon Ok sei. Elena wäre in letzter Zeit ziemlich gereizt. Ich habe fürs erste auch genug und gehe schlafen.

Am nächsten Morgen frühstückten wir zusammen. Elena kam zu mir, als die anderen nicht dabei waren, und entschuldigte sich für die gestrige Backpfeife. Ich erwiderte, dass ich es verdient habe. „Ja das hast du", gab sie mir Recht und lächelte das erste Mal, seit dem wir uns begegnet sind, zumindest kam es mir so vor, als sei es das erste Mal gewesen. Ich wollte schon wieder loslegen und dagegen wettern, aber ich ließ es sein. Es war genug! Außerdem war diese Frau so schön anzuschauen, wenn sie lächelt, dass ich es dabei belassen wollte. Als alle bereit zum Aufbruch waren, schlug Carols vor, dass ich doch mitkommen solle. Ich sagte, dass ich das gerne tun würde, wenn alle damit einverstanden seien. Alle nickten, sogar Elena. Ich freute mich und wir zogen gemeinsam los.

16 Das Ende naht

So langsam naht das Ende meiner langen Reise! Wir sind nun in Tapia de Casariego. Es sind nun noch weniger als 200km. Mit Carlos, Lucia, Clara und Elena zu wandern ist super. Die Zeit vergeht nun wie im Flug, was auch nicht unbedingt gut ist, weil ich gar nicht will, dass meine Zeit auf dem Weg ein Ende nimmt.

Wir sind die letzten Tage ganz locker gewandert und haben immer wieder Strände am Weg aufgesucht, um mittags Siesta zu machen, sich hin und wieder im kühlen Atlantik abzukühlen und die Nächte, in der Nähe des rauschenden Meeres zu verbringen.

Carlos und Lucia sind ein Vorzeigepärchen. Irgendwie kann man sehen, dass die beiden zusammen gehören, sie verstehen sich blind, wie eine Person. Oft hat man bei solchen Paaren das Gefühl, dass die Liebe erloschen ist und dass sie nur noch aus Gewohnheit so zusammenbleiben. Das ist bei den beiden nicht der Fall. Sie lieben sich, dass merkt man an der Art und Weise, wie sie sich gelegentlich ansehen und wie sie sich verhalten, wenn sie glauben, dass keiner von uns zusieht. Clara ist sehr lebhaft, sie scheint nie müde und immer gut drauf zu sein. Es ist schwer schlecht gelaunt zu sein, wenn sie in der Nähe ist, eine Quelle positiver Energie und voller Tatendrang. Elena dagegen ist sehr ruhig, eine stille Beobachterin. Aber seit dem Abend, als sie mir eine verpasst hat, ist sie viel ausgeglichener und lächelt immer öfter, was ihr sehr gut steht. Heute ging es ihr allerdings nicht gut. Sie hatte mit ihrer zwei jährigen Tochter und ihrer Mutter telefoniert.

Es war Abend! Wir hatten unsere Zelte am Strand aufgeschlagen und freuten uns auf eine Nacht am Meer. Carlos und ich versuchten mit einer selbstgebauten Harpune, einen Fisch zu erlegen, aber wir scheiterten kläglich, so dass wir uns in der nahe gelegenen Stadt noch etwas zu grillen besorgen mussten und auch ziemlich viel Bier einkauften. Apropos: Ich schreibe oft von Alkohol. So oft, wie es den Anschein macht, haben wir keinen Alkohol getrunken. Ich berichte ja auch nicht von jedem einzelnen Tag.

Als Carlos und ich vom Einkauf zurückkehrten, saß Elena alleine am Strand. Ich wollte zu ihr gehen, aber Lucia gab mir den Rat, sie lieber in Ruhe zu lassen. „Bevor ich wieder eine Backpfeife bekomme, lasse ich es lieber sein", dachte ich mir. Wir machten ein Feuer und grillten kleine

Fleischstücke, in dem wir sie an kleine Stöcker befestigten und ins Feuer hielten. Dazu gab es wieder einmal einen von Lucias schmackhaften frischen Salaten.

Irgendwann, während des Essens, setzte sich Elena wieder zu uns. Sie hatte Tränen in den Augen. Ohne Worten bewirteten sie mit Essen und Bier. Sie bedankte sich und aß genüsslich ohne darüber zu reden, was passiert sei.

Wir tranken, tanzten ums Feuer und lachten. Wir erzählten uns Geschichten und alberten herum. Irgendwann gingen Carlos und Lucia ins Zelt. Nach einer Weile stillschweigendem in die Flammen schauen, verabschiedete auch Clara sich. Ich überlegte kurz, ob ich mich auch hinlegen sollte, dachte mir aber, dass ich Elena besser noch etwas Gesellschaft leiste.

Wir schwiegen eine Weile, dann sagte sie wieder in diesem gereizten Ton:
„Du redest doch so gern über Probleme oder? Kennst du das, wenn alles schief zu gehen scheint?"
„Ich denke schon.", antworte ich ihr.
„Und wie kommst du da drauf, dass du das kennst? Hat man dir im Leben einmal mal nicht

alles zu Füßen gelegt? Musstest du dir selbst mal etwas erarbeiten?".

Ich dachte darüber nach. Eigentlich hatte sie gar nicht Unrecht. All die Probleme, die ich habe, habe ich nicht, weil es mir schlecht geht, sondern mir geht es schlecht, weil ich an dem gescheitert bin, was für andere leicht zu überwinden oder zu erreichen ist. Ich sage ihr, dass sie Recht haben könnte, aber dass es kein Grund dafür sei, dass meine Probleme weniger schlimm seien. Ich erzählte ihr meine Geschichte und dass ich mit dem Gedanken spielte, mich umzubringen.

„Das hättest du sowieso nicht getan.".

„Wahrscheinlich nicht, aber es fühlte sich gut an diesen letzten Ausweg zu haben. Was ist mit dir, welche Probleme belasten dich?".

Sofort wurde sie wütend: „Das geht dich gar nichts an.". „Du musst mir schon sagen, was dich bedrückt, wenn du meine Probleme für so nichtig betrachtest.".

Plötzlich legt sie los: „Ich vier seid Kinder. Ihr redet dauernd von Problemen. Wisst ihr, was Probleme sind: Mein Mann ist abgehauen, ich habe eine kleine Tochter, die mich täglich fragt, wo ihr Vater ist. Die einzige Hilfe, die ich habe, ist meine Mutter, die an Krebs leidet und die nicht länger als ein Jahr zu leben hat. Ich muss so schnell wie möglich Geld verdienen, um mich alleine um meine Tochter kümmern zu können. Ich wünschte, ich könnte auch einfach davonrennen, wenn es mir passt! Oder mich umbringen, wenn ich nicht weiter weiß! Aber ich habe eine Tochter, der ich eine Mutter sein muss!"

„Das tut mir wirklich leid! Du hast Recht, unsere Probleme wiegen dagegen nicht viel. Bist du davon gerannt oder warum bist hier auf dem Jakobsweg?" Sie beruhigte sich etwas. „Nein, meine Mutter hat gesagt, dass ich fahren solle. Ich war so fertig nach ihrer Diagnose und….!". Sie fing bitterlich an zu weinen! Ich ging zu Ihr rüber und nahm Sie in den Arm. Sie wehrte sich erst, aber dann vergrub sie sich in meinen Armen! Sie weinte, als hätte sie all ihre Tränen für diesen Moment aufgespart! Ich hielt sie nur im Arm und wusste nicht recht, was ich sagen sollte und deshalb schwieg ich lieber. Wir saßen lange so da. Irgendwann hörte sie auf zu schluchzen, bedankte sich und ging in ihr Zelt. Ich blieb sitzen, trank mein Bier aus und rauchte noch eine Zigarette. Ich fühlte mich seit langer Zeit mal wieder richtig mies.

Am nächsten Morgen war alles wie immer! Elena schien es wieder gut zu gehen. Das freute mich und so konnte es weiter gehen. Nur noch 200 km!

17 Angekommen

Es ist vollbracht! Am 7. Oktober sind wir in Santiago de Compostela angekommen. Wir sind alle ziemlich ausgelassen und freuen uns tierisch darüber, dass wir es geschafft haben. Alle zusammen holen wir uns unsere Compostela ab. Man kann uns den Stolz an unserem Auftreten ablesen. Es fühlt sich gut an, diese Urkunde in den Händen zu halten, als Symbol für einen langen, langen Weg, der es in sich hatte.

Wir besprechen uns kurz und sind uns schnell einig, dass wir alle zusammen den Dom besichtigen und anschließend ausgiebig feiern wollen. Die Kathedrale von Santiago zu betreten ist eine beeindruckende Sache. In der Eingangspforte berühren die Pilger die Säule, in die eine Statue des hl. Jakobus eingearbeitet ist. Carlos und Lucia folgen ehrfurchtsvoll dem heiligen Ritual. Lucia grinst mich und Elena an, und eilt in die Kathedrale. Ich muss lachen! „Ladies first!", sage ich zu Elena. Sie grinst zurück, stellt sich an die Säule und berührt sie mit der rechten Hand. Sie bleibt so längere Zeit stehen und tritt schließlich auch ein.

Nun habe ich es geschafft! Ich überlege kurz, was das bedeutet. Richtig glücklich darüber bin ich noch nicht. Ich schaue mir den alten Jakobus an und denke mir! Danke für alles! Ich gehe an ihm vorbei und trete in den gewaltigen Innenraum. Wir wohnen der Messe bei, in der ein großer Weihrauchkessel durch das Kirchenschiff geschwenkt wird. Ein faszinierendes Schauspiel! Während einer Messe werde ich immer etwas müde. Wegen der ganzen Wandertage, schlafe ich dieses Mal tatsächlich ein und Clara weckt mich irgendwann auf, als alles vorbei ist. Lachend verlassen wir die Kirche. Draußen warten Carlos, Lucia und Elena bereits auf uns. Da wir heute ordentlich feiern wollen, entschließen wir uns, in einem Hotelzimmer zu nächtigen!

Wir suchen das nächst beste Restaurant auf und leben wie die Könige! Wir trinken, lachen und freuen uns des Lebens. Ein Toast nach dem anderen wird ausgebracht. Wir machen einige Trinkspiele und singen, wie die Schlosshunde! Jeder, der uns zusah, muss uns für total verrückt gehalten habe. Von jetzt auf gleich wurden alle ruhiger. Eine leichte Melancholie erhielt Einzug. Ich sagte, dass ich noch weiter bis zum Kap Finisterre gehe und dort surfen wolle und fragte, was die vier jetzt geplant hätten! „Home Sweet Home, unser Zug nach Madrid fährt morgen früh.", sagte Lucia und schien sich zu freuen. „Ihr könnt ruhig ohne mich fahren, denn ich würde gerne noch weiter gehen.", meldet sich Elena plötzlich zu Wort. Ich sehe sie verblüfft an, genau wie ihre drei Reisebegleiter. „Ich kann noch nicht zurück!" fügt Sie etwas zittrig hinzu. „Ich muss leider auch zurück", bemerkt Clara. Irgendwann um Mitternacht gehen wir ins Hotel, trinken dort noch ein Bier in der Bar, und verabschieden uns herzlich! Die drei laden mich nach Madrid ein! Ich erwidere, dass auch meine Tür ihnen allen jederzeit offen stehe. Wir tauschen noch unsere Kontaktdaten aus und dann war es das! Nach mehreren Wochen zusammen mit den vier Spaniern bin ich nun wieder allein. Das macht mich etwas traurig! Sie waren mir an Herz gewachsen!

Als ich gerade dabei war mich hinzulegen, klopfte es an der Tür. Es war Elena. Sie stand da und fragte mich schüchtern, ob sie mit mir kommen könne bis zum Kap Finisterre. Ich freute mich. Irgendwie war sie ziemlich süß wie sie da stand, mit ihren dunkelbraunen Augen und schwarzen langen Haaren. Man merkte, dass es ihr unangenehm war, mich danach zu fragen. Wahrscheinlich war es ihr mittlerweile peinlich, dass sie mich so oft angepflaumt hat und nun etwas erbitten muss. „Na klar! Das find ich super!", sage ich. „Gut, Gute Nacht!" und weg war sie. „Gute Nacht!" erwidere ich leise in den leeren Flur.

18 Weiter zu zweit

Am nächsten Morgen frühstückten wir zusammen und zogen los. Elena schien nicht mehr aus der Haut zu fahren. Sie war die Ruhe und Gelassenheit in Person. Es war wirklich angenehm mit ihr zu wandern und ich war froh, dass sie noch bei mir war. Ich hatte mich zu sehr an Gesellschaft gewöhnt und wollte nicht mehr alleine wandern.

Wir redeten über alles Mögliche. Sie erzählte mir stolz von ihrer kleinen „Prinzessin", dass sie schon mit zwei Jahren ganze Sätze sprechen kann. Sie zeigte mit ein Foto und strahlte bis über beide Ohren! Ich sagte ihr, dass die Kleine ihrer Mutter sehr ähnlich sei, was sie noch glücklicher zu machen schien. Sie sagte, dass sie schnell ihr Studium beenden müsse, da das alles sonst nicht funktionieren könne. Sie erzählte mir auch von Ihrer Angst, dass es ihrer Mutter bald schlechter gehen werde und sie sich dann auch noch um eine kranke Frau kümmern müsse, die ihr davor eine so große Hilfe war. Ich muss zugeben, dass das nicht sehr abwegig ist. Denn, wie Elena sagte, würde der Hirntumor wachsen und nach und nach würde ihre Mutter ihre Motorik verlieren und irgendwann auch die Fähigkeit zu sprechen einbüßen. Sie wird langsam sterben.

Elena wischte sich eine Träne aus den Augen und lächelte einen Moment später wieder. Sie gefiel mir immer mehr. Zuerst hielt ich sie für eine Zicke, aber das war sie auf keinen Fall. Ihre Gefühlsschwankungen, die verschwunden waren, konnte ich nun nachvollziehen. Sie war temperamentvoll und seit dem Sie mich nicht mehr an fauchte, erkannte ich auch wie verdammt hübsch sie war. Dieses ehrliche Lächeln. Sie lächelte nur, wenn sie auch Lächeln wollte. Ein falsches Lächeln konnte ich bei ihr nicht finden! Ihre schwarzen langen Haare, die dunkelbraunen Augen und die makellose dunkelbraune Haut. Ich hatte langsam das Gefühl, dass diese unglaubliche Frau, die so stark war, und wahrscheinlich jeden Mann haben konnte, den sie wollte, tatsächlich Interesse an mir zu haben schien. Zumindest wünschte ich mir das!

Sie schien sich plötzlich auch für meine Probleme zu interessieren und ich erzählte ihr alles, auch wenn es mir teilweise peinlich war. Sie konnte mich verstehen, sagte aber, dass ich auf Sie einen ganz anderen Eindruck mache, als der Ben, den ich ihr mit all seinen Macken und Problemen beschrieb. Das war tröstend.

Nach 5 Tagen Wanderung, die im Flug verging erreichten wir Kap Finisterre, das Ende der Welt und das Ende unserer Reise. Es war vorbei. Wir setzten uns an den Strand und schauten aufs Meer hinaus. Ich sehe Elena an, die Ihren Frieden gefunden zu haben scheint, und frage sie:

„Darf ich dich etwas fragen? Warum wolltest du noch weitergehen?"

„Ich musste zur Ruhe kommen, den Kopf klar kriegen und Kraft sammeln. Bevor ich aus Madrid losgefahren bin, habe ich nur geweint. Jeden Tag meine Mutter zu sehen und zu wissen, dass sie sterben wird, war furchtbar. Zusätzlich dazu fragte mich meine Tochter immer wieder, wo ihr Vater sei, was ich ihr nicht beantworten kann. Ich weinte jeden Tag. Meine Mutter sagte dann ich solle erstmal Urlaub machen und meine Kommilitonen haben mich hierher mitgenommen. Es hat geholfen! Was ist mit dir? Warum bist du noch weitermarschiert?"

„Ich wollte hier noch surfen! Hast du auch Lust darauf?".

Erstaunt blickt sie mich an. „Wirklich?...Warum nicht?!" Und da ist es wieder, ihr aufrichtiges Lächeln!

Wir nehmen uns zwei Zimmer im Hotel und begeben uns an den Strand. Am Surfverleih mieten wir uns zwei Boards und Neoprenanzüge. Ich zeige ihr am Land, wie man paddelt und aufsteht, soweit ich das kann. Ich korrigiere sie immer mal wieder und genieße es, ihr körperlich etwas näher zu sein. Irgendwann, verlegen wir die Trockenübungen ins Wasser. Wir üben im Weißwasser. Sie steht gleich beim ersten Mal sicher und freut sich wie eine Schneekönigin. Sie war ein Naturtalent!

Hochmotiviert meint sie, dass Sie die große Welle surfen wolle. Etwas skeptisch schaue ich mir das Unruhige Meer an. Aber es scheint nicht zu gefährlich zu sein, zumal es ein reiner Sandstrand ist; keine Felsen, auf die man bei einem Sturz aufschlagen konnte.

„OK, dann zeig mal, was du drauf hast. Ich gebe dir etwas Starthilfe.".

Wir paddelten raus. Man kam hier ganz gut zu Line-Up. Ich ging ins Wasser und wir positionierten ihr Board. Eine für Anfänger doch sehr große Welle rollte heran. Ich gab ihr im richtigen Moment Anschwung. Sie erwischte die Welle, stand auf, verlor das Gleichgewicht, landet kopfüber in der Welle, und wurde ordentlich durchgespült. Sie tauchte zehn Meter weiter mit zusammengekniffenen Augen auf und schien die Orientierung verloren zu haben.

Ich paddelte zu ihr. „Alles ok?".

Sie riss die Augen auf und lachte! Ich konnte Ihren Körper spüren und dachte mir... aber da küsste Sie mich schon! Das klingt alles ganz schön schnulzig, oder? Ja, das war es auch. Der Sex danach, war es aber nicht. Der war so ohne alle Regeln und wild, wie ich es noch nie erlebt habe. Mein Gott, ich liebe diese Frau!

19 Zurück

Was folgte, waren die zwei schönsten Tage meines Lebens. Das Wetter wurde schlechter, aber das spielte keine Rolle, denn wir verbrachten den ganzen Tag, auf unserem Hotelzimmer und lebten wieder einmal wie die Könige.

Nun hieß es endgültig Abschied nehmen. Das machte uns beide traurig, aber wir genossen die Zeit, die wir noch hatten, in vollen Zügen. Ich fragte sie, ob das mit uns irgendwie weitergehen könne? Sie lächelte und sagte, dass auch Sie sich das wünsche. Sie sagte ich solle nach Madrid kommen. Ich erklärte ihr, dass es nicht so einfach ginge, weil ich meinen Abschluss brauche und dass sie mit ihrer Tochter nach Deutschland kommen solle. Aber da war ja noch Ihre Mutter! Ich sagte ihr, sie solle Ihre Mutter auch mitnehmen, aber das kam für sie nicht in Frage.

„Und wenn wir unser Wiedersehen um einige Zeit verschieben?", fragte ich widerwillig, denn ich wollte nicht so lange von Elena getrennt sein. „Anders geht es wohl nicht.", sagt sie und gibt mir einen Kuss. „Irgendwie bekommen wir das hin!", verspreche ich ihr.

Am nächsten Tag brachte ich sie zum Bahnhof, um endgültig Abschied zu nehmen. Das tat sehr weh. Ich hatte so eine verrückte und alles in allem glückliche Zeit hinter mir und jetzt das... Kurz bevor ich mich auf den Weg nach Hause mache, bin ich fast genauso unglücklich wie zu dem Zeitpunkt, an dem ich losfuhr.

Ich besann mich kurz und machte mich daran, meine Rückreise zu planen, was gar nicht so einfach war, denn ich hatte keinen Rückflug gebucht. Der nächste Flug ging in zwei Tagen von Porto, wo man mit dem Bus locker hinkam. Die zwei Tage ging ich noch surfen und reflektierte meine verrückte Reise quer durch Europa.

Mein Ziel war es meine Ängste zu überwinden. Ich denke, dass ich das geschafft habe. Außerdem bin ich während meiner Reise ziemlich selbstbewusst geworden, habe die Zeit mit fremden Menschen verbracht und habe mich am Ende sogar verliebt. Elena fehlte mir jetzt schon.

20 Alltag

Ich bin wieder zurück zu Hause im Alltag angekommen und möchte am liebsten wieder weg. Ich vermisse das Wandern, das einfache Leben ohne Sorgen und Elena. Sie hat mich schon angerufen, weil Sie mich vermisst und um zu erfahren wie es weitergehen soll? Ich weiß es nicht. Ich habe derweil Angst davor, dass alles wieder so wird, wie zu dem Zeitpunkt, an dem ich abgehauen bin und dann ist da noch das Problem mit meinen Schulden, die ich zurückzahlen muss.

Ich stürze mich ins Studium und in die Arbeit. Meine Freunde können nicht viel anfangen mit meinem neu gewonnenen Selbstvertrauen. Ich habe das Gefühl, dass Sie denken, dass es sowieso nur von kurzer Dauer sein wird.

Ich trinke wieder öfters übermäßig viel Alkohol und hänge viel vor dem PC rum. Ich lasse es aber nicht zu, dass mich der ganze Scheiß wieder in den Abgrund zieht.

21 Eins noch...

Mittlerweile sind fünf Monate vergangen, seit meiner Rückkehr. Durch viel Arbeit habe ich mir mein wiedergewonnenes Selbstvertrauen bewahrt. Ich bin zur Uni gegangen. Besuchte täglich drei bis vier Seminare, davor oder danach machte ich Sport. Ich ging zu allen gesellschaftlichen Anlässen, nicht weil ich wollte, sondern nur darum, damit ich nicht wieder meine sozialen Ängste heraufbeschwöre. Obwohl das alles sehr gut klappt, bin ich nicht wirklich glücklich. Elena hat sich seit drei Wochen nicht mehr gemeldet. Ich versuche seit einer Woche jeden Tag sie zu erreichen. Nichts! Hoffentlich geht es ihr gut.

Ich habe nun endlich wieder meine eigene Wohnung, was ich meiner Produktivität verdanke. An einem Donnerstagabend kam ich vom Schwimmtraining nach Hause, legte mich auf die Couch und schaute teilnahmslos in die Flimmerkiste. Da klingelte es. Ich dachte, dass einer meiner Kumpels sich zu einem Spontanbesuch entschlossen hätten. Darauf hatte ich absolut keinen Bock gerade. Ich öffnete gereizt die Tür und zu meiner Überraschung stand da ein kleines süßes Mädchen vor mir, das ich von einem Foto kannte. Ich sagte: „Buenos Tardes senorita!". Ich umarmte Sie und gab ihr einen Kuss. Hinter ihr erscheint die Mutter der Kleinen. „Buenos Tardes senorita!" und mein Happy End war perfekt!

Als wir die kleine Isabella in meinem Bett zum Schlafen bekommen haben, konnten wir endlich reden. Elena erzählte mir, dass ihre Mutter vor vier Wochen gestorben sei. Sie habe einen Hirnschlag erlitten. Ich sage ihr, dass es mir leid tue, aber Elena schüttelt den Kopf und sagt etwas wehmütig, dass Sie froh sei, dass Ihre Mama nicht leiden musste.

Es war, so schlimm sich das anhört, wirklich gut! Ich verzehrte mich regelrecht nach dieser unglaublichen Frau und ihr schien es ähnlich zu gehen! Ein hocherfreuliches Wiedersehen!

Natürlich war lange noch nicht alles gut! Zwei Spanierinnen, die plötzlich in Deutschland leben, bei einem Typen, der noch studiert, einen Haufen Schulden hat und vor einem Jahr noch ein psychisches Wrack war…

Aber all das machte mir keine Angst mehr!

22 Achso...

Ich sitze gerade vor dem PC und bin stolz darauf tatsächlich ein Buch geschrieben zu haben. Zur Feier des Tages gönne ich mir ein großes Glas Whiskey mit Eiswürfeln. Jawohl! Das braune Gold schmeckte selten so gut wie in diesem Moment. Ich weiß nicht, ob dieses Buch je von vielen Menschen gelesen werden wird. Falls nicht, ist das nicht weiter tragisch. Ich rechne sogar damit. Für mich ist es auch ohne große Resonant imminent wichtig. Ich wollte ein **ehrliches** Buch über mich, mein verkorkstes Leben und darüber schreiben, wie ich es wieder in den Griff bekommen kann. Ich war ehrlich!

Apropos Ehrlichkeit: Ich war doch nicht ganz ehrlich! Das muss ich bedauerlicherweise zugeben. Ich habe mein Leben noch gar nicht in der Form in den Griff bekommen, wie ich es beschrieben habe und mir sind auch noch nicht all diese wunderbaren Dinge passiert, von denen ich berichtet habe.

Ich habe in einem Buch über Ängste gelesen, dass es hilfreich, ja sogar sehr wichtig, ist, sich genau vorzustellen, was man in Zukunft machen will, wer man sein will und weclchen Sinn man seinem Leben geben will!

Außerdem solle man sich all die Situationen, die man fürchtet und meidet, so vorstellen, dass sie perfekt für einen ausgehen. Schließlich soll man diese Situationen immer und immer wieder aufsuchen.

Ich habe eine Idealgeschichte geschrieben, wie alles gut werden wird. Es ist ein Traum! Und Ihr könnt euch gar nicht vorstellen, wie viel Mut mir dieser Traum macht. Ich bin wahrlich bereit, mich auf eine Reise zu begeben und ein anderer zu werden.

Bis auf meine Reise nach Spanien, ist übrigens alles wahr! Meine Probleme, meine Selbstdarstellung, meine Gedanken! Auch die Bilder habe ich persönlich gemacht, aber das ist lange her. Viele Situationen basieren ebenfalls auf meinen eigenen Erfahrungen.

Im Prinzip war ich dann doch ganz und gar ehrlich, denn ich werde mich auf diese Reise begeben, genau wie ich sie beschrieben habe. Ob Sie am Ende so ideal ausgeht, wie beschrieben, oder ob ich irgendwann doch auf meinem Surfbrett im Atlantik ende, ist offen. Aber ich bin voller Mut und Tatendrang! Ich werde von dieser Reise berichten, egal ob sich jemand dafür interessiert oder nicht!

Alles ist vorbereitet, ich bin vorbereitet! In diesem Sinne:

Rien ne vas plus? Da geht ja wohl noch was!

Meine Schulden sind im Übrigen leider auch ein reales Problem. Ich habe lange überlegt, ob ich das folgende wirklich machen soll, und bin zu dem Schluss gekommen, dass nichts Verwerfliches daran ist, zumal ich nicht davon ausgehe, dass ich das Buch sehr oft verkaufe. Wenn mich jemand finanziell unterstütze möchte, um mir die beschriebene Reise zu ermöglichen, können Sie das gerne tun. Ich werde mich über jeden Cent freuen!

Per-Überweisung an: DE77472601210465506300

Sie können mir auch Geld via Paypal senden an:
(Paypalkonto aufrufen, auf „Guthaben" klicken, dann auf „Geld senden"/ anschließend „Geld an Freunde oder Familie senden"/ E-Mail eingeben)

ben-miller-on-the-road@gmx.de

An diese E-Mail können Sie auch Fragen, Korrekturanmerkungen, Kritiken und sonstige Anregungen senden:

ben-miller-on-the-road@gmx.de